KUCHAŘKA MODERNÍHO FORAGERA

Sklizeň přírody pro současné patra

Barbora Neumanová

Materiál chráněný autorským právem ©2024

Všechna práva vyhrazena

Žádná část této knihy nesmí být použita nebo přenášena v jakékoli formě nebo jakýmikoli prostředky bez řádného písemného souhlasu vydavatele a vlastníka autorských práv, s výjimkou krátkých citací použitých v recenzi. Tato kniha by neměla být považována za náhradu lékařských, právních nebo jiných odborných rad.

OBSAH _

- OBSAH _ 3
- ÚVOD 7
- **SNÍDANĚ** 8
  - 1. Parfait z lesních plodů 9
  - 2. Pampeliškové palačinky 11
  - 3. Houbová a kopřivová omeleta 13
  - 4. Kaše z žaludové mouky 15
  - 5. Smoothie z divoké zelené 17
  - 6. Vejce plněná lichořeřišnicemi 19
  - 7. Frittata s divokými bylinkami 21
  - 8. Vejce v bylinkové omáčce 23
  - 9. Bezová horká čokoláda 25
  - 10. Bezové koblihy 27
  - 11. Chia pudink z květu černého bezu 29
  - 12. Mísa na smoothie z bezového květu 31
  - 13. Frittata z divokého česneku a brambor 33
  - 14. Francouzský toast z černého bezu 35
  - 15. Vafle z bezového květu 37
  - 16. Pita ze zeleniny, bylinek a vajec 40
  - 17. Čerstvá bylinková klobása 42
- **STARTOVAČE** 44
  - 18. Dítě mrkev v bylinkovém octě 45
  - 19. Artyčoky s bylinkami 47
  - 20. Jednohubky s citronovo-bylinkovou polevou ... 49
  - 21. Pizza s čerstvým bylinkovým sýrem 51
  - 22. Čerstvé bylinkové a pažitkové sušenky 53
  - 23. Vietnamské jarní závitky 55
  - 24. Smažený sýr haloumi 57
  - 25. Bylinková lívanečky 59
  - 26. Bylinkové krevety v pivu 61
  - 27. Sušené fíky s bylinkami 63

28. Snadná bylinková focaccia 65
29. Bruschetta z divokých hub 67
30. Pesto Crostini z divokého česneku 69
31. Žaludové squashové lívanečky 71

PŘEDCHODY 73

32. S jehlou polévka 74
33. Kuřecí prsa kaštanově glazovaná 76
34. Máslové thajské kari 78
35. Kopřivové noky 80
36. Glazovaná tilapie z černého bezu 82
37. Bavarská bylinková polévka 85
38. Letní tykvová polévka 87
39. Rizoto s divokými houbami 89
40. Kopřivová a bramborová polévka 91
41. Krmný pstruh s bylinkovou kůrkou 93
42. Plněné hroznové listy s krmenou zelení 95
43. Kuřecí prsa plněná divokými bylinkami a kozím sýrem 97
44. Fiddlehead Fern a chřest restujte 99
45. Liška a pórkový quiche 101
46. Kasha se sušeným ovocem 103
47. Kuřecí krém s bylinkami 105
48. Meruňková dijonská glazovaná krůta 107
49. Kuřecí maso a rýže na bylinkové omáčce 109
50. Kuře na smetaně a bylinkách 111
51. Kuřecí madeira na sušenkách 113
52. Kuřecí polévka s bylinkami 115
53. Kuře na víně a bylinkách 117
54. Cizrnový a bylinkový salát 119
55. Čerstvé bylinky a parmazán 121
56. Pampeliškový salát 123
57. Bylinkové zeleninové konfety 125
58. Pražený bylinkový ječmen 127

DEZERT 129

59. Servírový koláč s ovesnou krustou 130
60. Kořeněný tomelový dort 132

61. Čokoládový oříškový dort bez mouky 134
62. Bezová panna cotta s jahodami 136
63. Bezový květ Dort 139
64. Vykrmený dort z bobulí a kopřiv 141
65. Bezová zmrzlina 143
66. Bezový sorbet 145
67. Bezová a ostružinová zmrzlina 147
68. Pěna z bezových květů 149
69. Rebarborová drobenka z lesních jahod 151
70. Pláž Švestka Sorbet 153
71. Citronová bylinková zmrzlina 155
72. Bylinné citronové sušenky 157

KOMĚNÍ **159**

73. Aronie ocet 160
74. Americký švestkový kečup 162
75. Kaštanová javorová omáčka 164
76. Bylinné želé 166
77. Hucklebobule džem 168
78. Míchaný bylinkový ocet 170
79. Míchané bylinkové pesto 172
80. Hořčičně-bylinková marináda 174
81. Šťovíkovo-pažitkové pesto 176
82. Džem z lesních plodů 178
83. Ocet s infuzí z krmených bylin 180
84. Divoký česnek Aioli 182
85. Sirup z jehličí 184

NÁPOJE **186**

86. Nealkoholický borůvkový střik 187
87. Kořenové pivo Sarsaparilla 189
88. Osvěžovač s citronem a malinou s mátou 191
89. Voda s infuzí krmených bobulí 193
90. Ledový čaj z divoké máty 195
91. Pampelišková limonáda 197
92. Gin a tonikum s infuzí Smrkové špičky 199
93. Pikantní bylinný likér 201

94. Ovocný bylinkový ledový čaj 203
95. Ledový bylinkový chladič 205
96. Malinový bylinkový čaj 207
97. Kardamomový čaj 209
98. Čaj Sassafras 211
99. Moringa čaj 213
100. Šalvějový čaj 215

ZÁVĚR 217

ÚVOD

Vítejte v "Kuchařka Moderního Foragera", kulinářské výpravě do světa štědrosti přírody, kde oslavujeme umění sklízet a připravovat divoké ingredience pro současné jazýčky. Tato kuchařka je vaším průvodcem, jak si osvojit chutě, textury a nutriční výhody krmných potravin a přinést esenci divočiny do vaší moderní kuchyně. Vydejte se s námi na cestu, která nově definuje kulinářskou krajinu tím, že kombinuje tradiční moudrost shánění potravy s inovativními a lahodnými recepty.

Představte si kuchyni, kde je středem pozornosti divoká poživatina a každé jídlo vypráví příběh o rozmanitých chutích, které lze nalézt ve volné přírodě. " Kuchařka Moderního Foragera " není jen sbírka receptů; je to průzkum pokladů skrytých v lesích, polích a loukách. Ať už jste zkušený sklízeč nebo někdo nový ve světě divokých potravin, tyto recepty jsou vytvořeny tak, aby vás inspirovaly k tomu, abyste do svých každodenních jídel začlenili přírodní bohatství.

Od zemitých houbových pochoutek po živou divokou zeleninu a od květinových nálevů po překvapivé bobulovité směsi, každý recept je oslavou rozmanitých a nezkrotných chutí, které příroda poskytuje. Ať už připravujete rustikální večeři, rafinovaný předkrm nebo osvěžující nápoj, tato kuchařka je vaším oblíbeným zdrojem pro povýšení vašich kulinářských zážitků s množstvím přírodního světa.

Připojte se k nám a přijmeme ducha shánění potravy, kde každé jídlo je důkazem krásy, svěžesti a nespoutané podstaty divokých surovin . Shromážděte své košíky, vydejte se za dobrodružstvím a pojďme přinést kouzlo shánění potravy na moderní stůl s „Kuchařkou moderního sklízeče".

SNÍDANĚ

1.Parfait z lesních plodů

SLOŽENÍ:
- 1 šálek různých lesních plodů (borůvky, maliny, ostružiny)
- 1 hrnek řeckého jogurtu
- 2 lžíce medu

INSTRUKCE:
a) Lesní plody důkladně opláchněte.
b) Do sklenice nebo misky navrstvěte řecký jogurt s lesním ovocem.
c) Navrch pokapejte 1 lžíci medu.
d) Opakujte vrstvy a užívejte si!

2.Pampeliškové palačinky

SLOŽENÍ:
- 1 šálek okvětních lístků pampelišky
- 1 šálek směsi na palačinky
- 1 šálek mléka
- 2 vejce
- Máslo na vaření

INSTRUKCE:
a) Těsto na palačinky umícháme podle návodu na obalu.
b) Jemně vmíchejte 1 šálek okvětních lístků pampelišky.
c) Palačinky pečte na pánvi s máslem do zlatova.
d) Podávejte se sirupem nebo medem.

3.Houbová a kopřivová omeleta

SLOŽENÍ:
- 1 šálek lesních hub
- 1/2 šálku listů kopřivy
- 3 vejce
- Sůl a pepř na dochucení
- 2 lžíce olivového oleje

INSTRUKCE:
a) Na 2 lžících olivového oleje osmahněte houby a listy kopřivy, dokud se neuvaří.
b) Rozklepneme 3 vejce, dochutíme solí a pepřem.
c) Houby a kopřivy zalijeme vejci, vaříme do ztuhnutí.
d) Omeletu přeložíme a podáváme horkou.

4.Kaše z žaludové mouky

SLOŽENÍ:
- 1 hrnek žaludové mouky
- 2 šálky mléka nebo vody
- 3 lžíce javorového sirupu

INSTRUKCE:

a) V hrnci smíchejte 1 hrnek žaludové mouky se 2 hrnky mléka nebo vody.
b) Vařte na středním plameni za stálého míchání.
c) Po zhoustnutí oslaďte 3 lžícemi javorového sirupu.
d) Podávejte teplé.

5. Smoothie z divoké zelené

SLOŽENÍ:
- 1 šálek krmené divoké zeleniny (listy pampelišky, šťovík atd.)
- 1 banán
- 1 jablko
- 1/2 šálku jogurtu
- Ledové kostky

INSTRUKCE:

a) Rozmixujte divokou zeleninu, 1 banán, 1 jablko a 1/2 šálku jogurtu do hladka.

b) Přidejte kostky ledu a znovu promíchejte do požadované konzistence.

c) Nalijte do sklenice a vychutnejte si smoothie nabité živinami.

6. Vejce plněná lichořeřišnicemi

SLOŽENÍ:
- 2 velké Vejce natvrdo
- 4 drobnosti Listy a jemné stonky lichořeřišnice; sekaný
- 2 květy Nasturtium; nakrájíme na úzké proužky
- 1 snítka Čerstvý kerblík; sekaný
- 1 snítka Čerstvá italská petrželka; listy nakrájené nadrobno
- 1 zelená cibule; bílá a světle zelená část
- Extra panenský olivový olej
- Jemná mořská sůl; ochutnat
- Černý pepř; hrubě mletá, podle chuti
- Nasturtium listy a Nasturtium květiny

INSTRUKCE:
a) Vejce vařte natvrdo ve vroucí vodě, dokud žloutky neztuhnou, už ne.
b) Každé vejce rozkrojte podélně napůl a opatrně odstraňte žloutek.
c) Do misky dejte žloutky a přidejte listy, stonky a květy lichořeřišnice a nasekaný kerblík, petržel a zelenou cibulku. Rozmačkejte vidličkou a přidejte tolik olivového oleje, aby vznikla pasta. Podle chuti dochuťte mořskou solí a pepřem
d) Bílky lehce osolíme
e) Jemně vyplňte dutiny směsí žloutků a bylinek. Nahoře nasekejte trochu pepře. Na talíř naaranžujte listy lichořeřišnice a navrch položte plněná vejce.
f) Ozdobte květy lichořeřišnice.

7. Frittata s divokými bylinkami

SLOŽENÍ:
- ½ kilogramu Barba di frate a svazek divoké máty
- 8 Vejce
- 4 stroužky česneku
- 50 mililitrů Extra panenský olivový olej
- 100 gramů parmazánu; strouhaný
- Sůl a čerstvě mletý černý pepř

INSTRUKCE:
a) Do malé pánve dejte olej s česnekem a přiveďte k varu.
b) Vyjměte a vyhoďte česnek, když je zlatohnědý.
c) restujte Barba di frate, přidejte vejce lehce rozšlehaná s parmazánem, sůl a mátu. Míchejte, dokud nezačne tuhnout.
d) Vložte do horké trouby, dokud nebude uvařená. Vyklopte na talíř a ihned podávejte.

8.Vejce v bylinkové omáčce

SLOŽENÍ:
- 24 listů čerstvého chřestu
- ¼ šálku Majonéza
- 8 uncí Kartonová komerční zakysaná smetana
- 1 Citronová šťáva
- ½ lžičky Sůl a ¼ lžičky bílý pepř
- ¼ lžičky Cukr
- 2 lžičky Čerstvá petržel; mletý
- 1 lžička Čerstvý koprový plevel ; mletý
- 1 lžička Čerstvá pažitka; mletý
- 8 vajec; natvrdo uvařené, dělené
- 12 uncí Balení vařené plátky šunky 6" x 4".

INSTRUKCE:
a) Chřest vařte zakrytý ve vroucí vodě 6 až 8 minut; vypustit. Přikryjte a ochlaďte.
b) Smíchejte majonézu, zakysanou smetanu, citronovou šťávu, sůl, bílý pepř, cukr, petržel, mletý kopr a pažitku; dobře promíchejte. Rozmačkejte 1 vejce natvrdo; přidáme do majonézové směsi a dobře promícháme. Přikryjte a ochlaďte.
c) Na 2 plátky šunky položte 4 špíčky chřestu. Omotejte šunku kolem chřestových oštěpů a zajistěte dřevěným trsátkem. Na servírovací talíř položte chřest obalený šunkou. Nakrájejte 6 vajec, plátky položte na šunku. Na každou porci nalijte asi ¼ šálku bylinkové omáčky
d) Zbývající vejce propasírujte. Posypte každou porci. Ozdobte čerstvým koprem .

9. Bezová horká čokoláda

SLOŽENÍ:
- 2 šálky mléka (mléčné nebo alternativní mléko)
- 2 lžíce kakaového prášku
- 2 lžíce cukru (podle chuti)
- 1 lžíce sirupu z bezového květu
- Šlehačka a jedlé květy na ozdobu

INSTRUKCE:

a) V hrnci zahřejte mléko na středním plameni, dokud nebude horké, ale ne vroucí.

b) V malé misce prošlehejte kakaový prášek a cukr.

c) Vmíchejte sirup z bezového květu, dokud se dobře nespojí.

d) Do horkého mléka postupně zašlehejte kakaovou směs, dokud nebude hladká a dobře promíchaná.

e) Pokračujte v zahřívání bezové horké čokolády za občasného míchání, dokud nedosáhne požadované teploty.

f) Nalijeme do hrnků, potřeme šlehačkou a ozdobíme jedlými květy. Podávejte a užívejte si!

10. Bezové koblihy

SLOŽENÍ:
- 1 ½ šálku univerzální mouky
- ½ šálku krystalového cukru
- 2 lžičky prášku do pečiva
- ¼ lžičky soli
- ¼ šálku rostlinného oleje
- ½ šálku mléka
- 2 velká vejce
- 1 lžička extraktu z květu černého bezu
- 1 lžíce sušených bezových květů (volitelně)

INSTRUKCE:

a) Předehřejte troubu na 350 °F (180 °C) a vymažte formu na koblihy sprejem na vaření.

b) Ve velké míse smíchejte mouku, cukr, prášek do pečiva a sůl.

c) V jiné míse prošlehejte olej, mléko, vejce, extrakt z bezu a sušené květy černého bezu (pokud je používáte).

d) Nalijte mokré ingredience do suchých a míchejte, dokud se nespojí.

e) Těsto nalijte do připravené formy na koblihy a každou formu naplňte asi do ¾.

f) Pečte 12–15 minut, nebo dokud párátko zapíchnuté do středu koblihy nevyjde čisté.

g) Nechte koblihy několik minut vychladnout na pánvi, než je přenesete na mřížku, aby úplně vychladly.

11. Chia pudink z květu černého bezu

SLOŽENÍ:
- ¼ šálku chia semínek
- 1 hrnek mléka (mléčného nebo rostlinného)
- 2 lžíce bezového sirupu nebo čajového koncentrátu z bezového květu
- 1 lžíce medu nebo sladidla dle vašeho výběru
- Čerstvé ovoce, ořechy nebo granola na polevu

INSTRUKCE:
a) V dóze nebo nádobě smíchejte chia semínka, mléko, bezový sirup nebo čajový koncentrát a med.
b) Dobře promíchejte, aby se chia semínka spojila a zajistila rovnoměrné rozložení.
c) Sklenici zakryjte a dejte do lednice alespoň na 2 hodiny nebo přes noc, dokud směs nezhoustne a nezmění se na pudink.
d) Během doby chlazení směs jednou nebo dvakrát promíchejte, aby se zabránilo hrudkování.
e) Bezový chia pudink podávejte vychlazený, přelitý čerstvým ovocem, ořechy nebo granolou pro větší texturu a chuť.

12. Mísa na smoothie z bezového květu

SLOŽENÍ:
- 1 mražený banán
- ½ šálku mraženého ovoce (jako jsou jahody, maliny nebo borůvky)
- ¼ šálku čaje z bezového květu (silně uvařený a vychlazený)
- ¼ šálku řeckého jogurtu nebo jogurtu rostlinného původu
- 1 lžička chia semínek
- Polevy: nakrájené ovoce, granola, kokosové vločky, ořechy atd.

INSTRUKCE:

a) V mixéru smíchejte mražený banán, mražené bobule, čaj z bezového květu, řecký jogurt a chia semínka.

b) Mixujte, dokud nebude hladká a krémová. V případě potřeby přidejte další kapku čaje z černého bezu nebo vody, abyste dosáhli požadované konzistence.

c) Nalijte smoothie do misky.

d) Navrch dejte nakrájené ovoce, granolu, kokosové vločky, ořechy nebo jakoukoli jinou polevu, kterou preferujete.

e) Vychutnejte si osvěžující a zářivou smoothie mísu z bezového květu jako výživnou snídani.

13. Frittata z divokého česneku a brambor

SLOŽENÍ:
- 6 vajec
- 1 šálek listů medvědího česneku, nasekaných
- 2 brambory, nakrájené na tenké plátky
- 1 cibule, nakrájená
- 1/2 šálku parmazánu, strouhaného
- 2 lžíce olivového oleje
- Sůl a pepř na dochucení

INSTRUKCE:
a) Předehřejte troubu na 375 °F (190 °C).
b) Brambory a cibuli orestujte na olivovém oleji do měkka.
c) V míse rozšleháme vejce a vmícháme medvědí česnek a parmazán.
d) Vaječnou směs nalijte na brambory a cibuli.
e) Pečte v troubě, dokud frittata neztuhne a nezezlátne.

14. Francouzský toast z černého bezu

SLOŽENÍ:
- 4 plátky chleba
- 2 velká vejce
- ½ šálku mléka
- 2 lžíce sirupu z bezového květu
- ½ lžičky vanilkového extraktu
- Máslo nebo olej na vaření
- Polevy: moučkový cukr, javorový sirup, čerstvé ovoce atd.

INSTRUKCE:

a) V mělké misce prošlehejte vejce, mléko, bezinkový sirup a vanilkový extrakt.

b) Každý krajíc chleba ponořte do vaječné směsi a nechte jej několik sekund nasáknout z každé strany.

c) Rozehřejte nepřilnavou pánev nebo gril na střední teplotu a rozpusťte malé množství másla nebo oleje.

d) Namočené plátky chleba položte na pánev a opékejte dozlatova z každé strany, asi 2-3 minuty z každé strany.

e) Opakujte se zbývajícími plátky chleba a podle potřeby přidejte na pánev další máslo nebo olej.

f) Bezový francouzský toast podávejte teplý s oblíbenými polevami, jako je moučkový cukr, javorový sirup, čerstvé ovoce nebo kopeček šlehačky.

15. Vafle z bezového květu

SLOŽENÍ:

- 1½ šálku (220 g) univerzální bílé mouky
- ½ hrnku (70 g) celozrnné mouky (nebo použijte bílou mouku)
- 2 vejce, oddělená
- ¾ šálku (180 ml) mléka, mléčného nebo rostlinného
- ¼ šálku (60 ml) bezu a citronu Cordial (nebo náhrada mléka navíc)
- ¼ šálku (60 ml) přírodního jogurtu (volitelně)
- 50 g másla, rozpuštěného
- 2 lžičky prášku do pečiva
- 1 lžíce cukru
- Máslo nebo olej na vaření
- Smíšené bobule (pokud jsou zmrazené, rozmražené)
- Jogurt nebo šlehačka
- Tekutý med nebo javorový sirup

INSTRUKCE:

a) Začněte tím, že do mísy dáte bílou mouku. Uprostřed vytvořte důlek a přidejte žloutky, mléko, likér a případně jogurt. Tyto ingredience šlehejte, dokud nevznikne husté těsto. Mísu přikryjeme talířem a dáme přes noc do lednice.

b) Pro bílky je vložte do zakryté nádoby, ale nechte je na kuchyňské lince (nechlaďte je), abyste si zjednodušili ranní proces.

c) Vyjměte těsto z lednice. Máslo rozpustíme a opatrně vmícháme do těsta spolu s práškem do pečiva.

d) Vložte bílky a cukr do samostatné misky. Pomocí elektrického šlehače je míchejte, dokud se nevytvoří měkké vrcholy. Do těsta přidejte lžíci ušlehaných bílků, aby se uvolnilo, a poté opatrně promíchejte zbývající pusinky.

e) Vyhněte se nadměrnému míchání, aby se zachoval objem směsi. Pokud chcete, můžete tento krok přeskočit a přidat do těsta noc předem celá vejce a cukr.

f) Zahřejte si vaflovač. Přidejte malé množství másla (preferujeme přepuštěné máslo, aby se nepřipálilo) a pomocí štětce na pečení rovnoměrně potřete plotýnky.

g) Do vaflovače nalijte přibližně ½ šálku těsta, sklopte víko a vařte, dokud nezezlátnou, což obvykle trvá asi 2 minuty.

h) Případně můžete použít těžkou pánev a vařit horké koláče na mírném ohni, dokud nejsou obě strany zlaté.

i) Uvařené vafle položte na dortový rošt u stolu, aby se nerozmočily. Ihned podávejte s rozehřátým ovocem a kopečkem jogurtu nebo smetany, poté je pokapejte medem nebo javorovým sirupem.

j) Užijte si své báječné vafle z bezového květu!

16. Pita ze zeleniny, bylinek a vajec

SLOŽENÍ:
- 2 libry Čerstvá zelenina
- Sůl
- ½ svazku Čerstvá petržel; sekaný
- ½ svazku Čerstvý kopr; sekaný
- 1 hrst čerstvého kerblíku; kotleta.
- ¼ šálku Máslo nebo margarín
- 1 svazek Jarní cibulky; sekaný
- ½ lžičky Mleté nové koření
- ½ lžičky skořice a ½ lžičky Muškátový oříšek
- 2 lžičky Krystalový cukr
- Sůl a čerstvě mletý pepř
- 5 vajec; lehce pobitý
- 1 šálek Rozdrobený sýr feta
- ½ šálku Mléko nebo více
- ½ šálku Máslo (volitelné); roztavený
- 12 Obchodní phyl lo listy

INSTRUKCE:
a) Špenát smíchejte ve velké míse s petrželkou, koprem a kerblíkem a důkladně promíchejte. Ve velké pánvi rozehřejte ¼ hrnku másla , přidejte k máslu jarní cibulku a opékejte , dokud bílé části nebudou průsvitné.

b) Přidejte zeleninu, koření, cukr a dostatek soli a pepře na dochucení .

c) Nyní přidáme vejce, fetu a tolik mléka, aby nasytilo zelené s. Rozložte 6 plátků phyllo , každý potřete rozpuštěným máslem. Nalijte náplň, rovnoměrně rozetřete. Pečte 45 minut .

17.Čerstvá bylinková klobása

SLOŽENÍ:
- 4nohé malé prasečí střeva
- 2 libry filé z bílé ryby, nakrájené na kostky
- 1 vejce, rozšlehané
- 2 lžíce nasekané čerstvé pažitky
- 1 lžíce nasekané čerstvé petrželky
- 1 lžička citronové šťávy
- ½ lžičky celerové soli
- ½ lžičky černého pepře

INSTRUKCE:
a) Připravte střívka. Vložte rybu do kuchyňského robotu a pulzujte, dokud se ryba nerozbije.
b) Přidejte zbývající ingredience a zpracujte, dokud se vše dobře nespojí.
c) Naplňte obaly a stočte na 3-4" délky.

STARTOVAČE

18. Dítě mrkev v bylinkovém octě

SLOŽENÍ:
- 20 drobností Mrkve
- ¾ šálku cukru
- 1 lžíce citronové šťávy
- 1 lžíce másla
- 2 lžíce estragonového octa

INSTRUKCE:
a) Vložte mrkev, vodu a citronovou šťávu do malého hrnce.
b) Přikryjte a vařte 5 minut.
c) Sejměte poklici, zvyšte teplotu na vysokou a vařte za stálého míchání, dokud se tekutina neodpaří (5 minut). Snižte teplotu.

19. Artyčoky s bylinkami

SLOŽENÍ:
- 2 velké artyčoky (nebo 4 střední)
- 1 malá mrkev
- 1 malá cibule
- 1 lžíce olivového oleje
- 2 lžíce petrželky; sekaný
- ½ lžičky bazalkových listů, sušených
- ½ lžičky oregana
- ½ lžičky koprové trávy
- 1 stroužek česneku
- Sůl
- 1 šálek vína, suché bílé
- Pepř podle chuti

INSTRUKCE:

a) V mixéru smíchejte mrkev, cibuli, petržel, sušené bylinky, česnek a sůl a černý pepř podle chuti; zpracujte na jemno nasekané. Mezi listy artyčoků naplňte směs bylinek

b) Umístěte stojan na vaření, víno a ½ šálku vody do 4- nebo 6-qt tlakového hrnce. Umístěte artyčoky na stojan; bezpečně zavřete kryt. Umístěte regulátor tlaku na odvzdušňovací potrubí.

c) Vařte 20 minut při tlaku 15 liber .

20.Jednohubky s citronovo-bylinkovou polevou

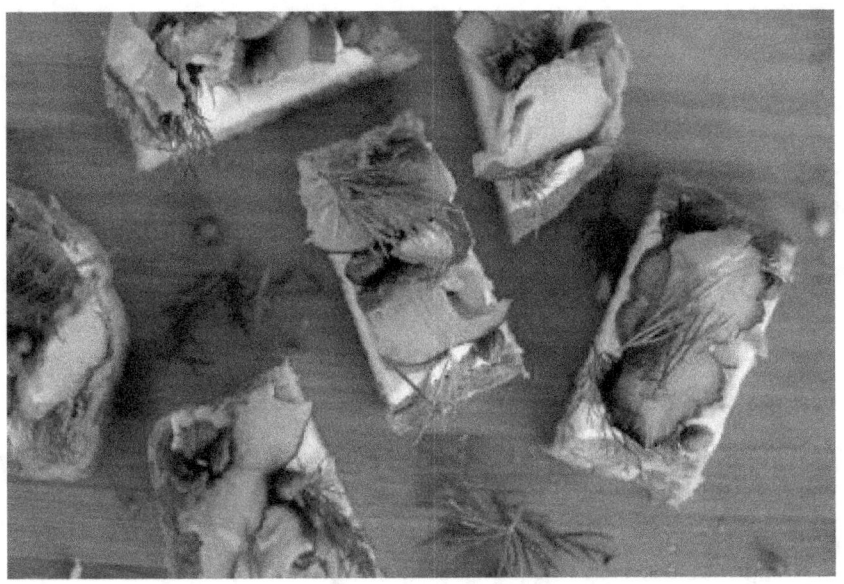

SLOŽENÍ:
- Pumpernickel chléb se smetanovým sýrem a plátky uzeného lososa
- Namazané slané žito s nakrájeným vejcem a kaviárem
- Slané žito s křenem; Chili omáčka; drobné krevety
- 1⅔ šálku vody
- ⅛ lžičky pepře
- ½ Bobkový list
- ½ lžičky sušeného kopru
- 1 balení (3 oz.) želatiny s příchutí citronu
- 1 kapka kajenského pepře
- 3 lžíce octa

INSTRUKCE:
a) Umístěte na mřížku a na každou jednohubku dejte 2 až 3 lžíce citronovo-bylinkové polevy.
b) Citronovo-bylinková glazura: Přiveďte vodu k varu; přidejte kuličky pepře, bobkový list a sušený kopr. Přikryjeme a dusíme asi 10 minut. Kmen. V horké tekutině rozpusťte želatinu, sůl a kajenský pepř. Přidejte ocet. Chlaďte do mírného zhoustnutí. Nalijte směs na jednohubky

21. Pizza s čerstvým bylinkovým sýrem

SLOŽENÍ:

- 1 lžíce kukuřičné mouky
- 1 plechovka (10 oz.) Hotová pizza Crust
- 1 lžíce olivového oleje nebo oleje
- 1 stroužek česneku; mletý
- 6 uncí strouhaného sýra Mozzarella
- ½ šálku Strouhaný parmazán
- 1 lžíce nasekané čerstvé bazalky
- 1 lžíce nasekaného čerstvého oregana

INSTRUKCE:

a) Namažte 12palcovou pizzu nebo 13x9palcovou pánev; posypeme kukuřičnou moukou. Rozvinout těsto; vtlačíme do vymazané formy.

b) V malé misce smíchejte olej a česnek; pokapat těsto. Navrch rovnoměrně posypte mozzarellou, parmazánem, bazalkou a oreganem.

c) Pečte při 425 °C po dobu 13-16 minut, nebo dokud není kůrka tmavě zlatohnědá

22. Čerstvé bylinkové a pažitkové sušenky

SLOŽENÍ:
- 8 uncí Pevné hedvábné tofu
- ⅓ šálku jablečné šťávy
- 1 lžíce citronové šťávy
- 1 hrnek celozrnné mouky
- 1 hrnek univerzální mouky
- 2 lžičky prášku do pečiva
- ½ lžičky jedlé sody
- ¼ lžičky soli, volitelné
- 2 lžíce bazalky, nasekané -=NEBO=-
- 1 lžíce bazalky, sušené
- 2 lžíce pažitky, nasekané -=NEBO=-
- 1 lžíce pažitky, sušené

INSTRUKCE:
a) Předehřejte troubu na 450 F a namažte plechy na sušenky.
b) Tofu rozmixujte do hladka. Smíchejte jablečnou šťávu a citronovou šťávu. Přendejte do středně velké mixovací nádoby a dejte stranou. Dalších 5 ingrediencí prosejeme a vmícháme do tofu směsi. Vmícháme bazalku a pažitku. Těsto vyklopte na lehce pomoučněnou desku a vytvarujte kouli. Těsto vyválejte na ½" tloušťku a vykrajujte vykrajovátkem. Pečte 12 minut a ihned podávejte.

23. Vietnamské jarní závitky

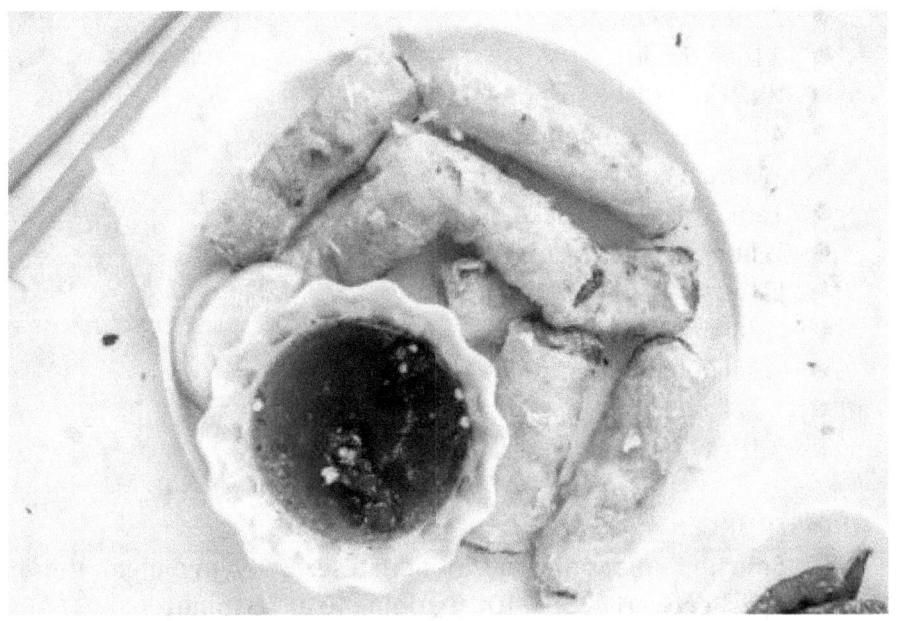

SLOŽENÍ:

- 1 červený snapper
- 2 lžíce rybí omáčky
- 2 lžíce medu
- ½ lžičky Asijský sezamový olej
- 40 obalů z rýžového papíru
- Máta a čerstvý koriandr
- Tenké plátky anglické okurky
- ½ libry Čerstvé fazolové klíčky
- listy salátu
- ¼ šálku rýžového octa
- ¼ šálku limetkové šťávy
- ¼ šálku cukru
- ¼ lžičky Asijská pálivá chilli omáčka

INSTRUKCE:

a) Smíchejte rybí omáčku s medem a sezamovým olejem. Vetřete do ryb. Pečte při 425F/210C po dobu 40 až 45 minut .

b) V malé servírovací misce smíchejte ingredience na omáčku.

c) Odlomte kousek ryby a položte do středu každého obalu těsně pod střed. Na rybu přidejte mátu a koriandr, 1 plátek okurky a několik fazolových klíčků. Zalijte omáčkou.

24. Smažený sýr haloumi

SLOŽENÍ:
- 4 Zralá švestková rajčata
- 1 červená cibule
- 1 okurka
- 20 černých oliv; dolíčkovaný
- 1 svazek Plochá petržel
- 100 gramů sýrů Haloumi e
- Bazalka; jemně nasekané
- Koriandr; jemně nasekané
- Kerblík
- Pažitka
- 200 mililitrů olivového oleje
- 2 citrony; šťáva z
- 1 lžíce bílého vinného octa
- Sůl a pepř

INSTRUKCE:
a) To vše smíchejte v misce s cibulí a trochou ploché petrželky. Oblékněte trochou olivového oleje a soli a pepře.
b) Na rozpálené nepřilnavé pánvi smažte sýr Haloumi bez oleje.
c) Položte na salát a kolem talíře pokapejte bylinkovým olejem. Nyní přidejte trochu citronové šťávy.

25. Bylinková lívanečky

SLOŽENÍ:
- 1 libra Smíšené listy bylinkového salátu
- ¼ šálku čerstvě nastrouhaného parmazánu
- 3 vejce z volného výběhu; lehce pobitý
- 1 šálek čerstvé strouhanky
- 2 lžíce nesoleného másla
- Slunečnicový olej
- Sůl a čerstvě mletý pepř

INSTRUKCE:
a) Vložte bylinkové listy do střední misky. Vmícháme cibuli, bazalku, parmazán, strouhanku, vejce a koření.
b) Ve velké pánvi rozpustíme máslo. Přidejte tolik oleje, aby v pánvi zůstalo ¼ palce oleje. Pomocí 1 velké polévkové lžíce směsi na každý lívanec opékejte frittelly po několika dozlatova, asi 3 minuty z každé strany.
c) Sceďte na kuchyňském papíru; udržujte v teple v mírné troubě, dokud se zbývající frittely neuvaří.

26. Bylinkové krevety v pivu

SLOŽENÍ:
- 2 libry loupané syrové krevety
- 1½ šálku skvělého západního piva
- 2 stroužky Česnek, mletý
- 2 lžíce nasekané pažitky
- 2 lžíce nasekané petržele
- 1½ lžičky soli
- ½ lžičky pepře
- Strouhaný salát
- 2 zelené cibule, nakrájené nadrobno

INSTRUKCE:
a) Smíchejte všechny ingredience kromě hlávkového salátu a zelené cibule v misce.
b) Zakryjte, chlaďte 8 hodin nebo přes noc; občas promíchejte. Scedíme, necháme marinádu
c) Grilujte krevety 4 palce od tepla, dokud nejsou vařené a měkké.
d) Nepřevařujte, jinak krevety ztvrdnou. Občas potřeme marinádou.
e) Podávejte krevety na trhaném salátu; posypeme nakrájenou zelenou cibulkou.

27. Sušené fíky s bylinkami

SLOŽENÍ:
- ½ libry sušených fíků
- ½ kila sušených brusinek
- 2 šálky červeného vína
- ¼ šálku levandule nebo ochuceného medu
- Koření svázané v gázovině:

INSTRUKCE:
a) Přidejte fíky do hrnce s červeným vínem a medem a gázu s výběrem bylinek. Přiveďte k varu a přikryté vařte 45 minut nebo do změknutí.
b) Odstraňte fíky z hrnce; svařte tekutinu, dokud nezůstane asi více než polovina.
c) Vyhoďte koření do tenká. Podávejte tak, jak je, nebo lžící na vanilkový šerbet nebo ledové mléko.

28. Snadná bylinková focaccia

SLOŽENÍ:
- 16 uncí balené Hot Roll Mix
- 1 Vejce
- 2 polévkové lžíce Olivový olej
- ⅔ šálek Červená cibule; Jemně nakrájené
- 1 lžička sušeného rozmarýnu; Rozdrcený
- 2 lžičky Olivový olej

INSTRUKCE:
a) Dva kulaté pekáče lehce vymažte tukem.
b) Hotovou rolkovou směs připravte podle návodu na obalu pro základní těsto, použijte 1 vejce a 2 polévkové lžíce oleje nahraďte margarínem uvedeným na obalu. Uhněte těsto; nechte odpočívat podle pokynů. Pokud používáte kulaté formy na pečení, rozdělte těsto na polovinu; válet do dvou 9palcových kol. Vložte do připravené pánve.
c) Na pánvi na 2 lžičkách rozpáleného oleje opečte cibuli a rozmarýn do měkka. Konečky prstů vmáčkněte do těsta prohlubně asi každý centimetr
d) Pečte v troubě vyhřáté na 375 stupňů 15 až 20 minut nebo dozlatova. Chlaďte 10 minut na mřížce. Vyjměte z pánve a zcela vychladněte.

29. Bruschetta z divokých hub

SLOŽENÍ:
- 1 šálek lesních hub (lišek, smržů nebo jiných dostupných), nakrájených
- 1 bageta
- 2 stroužky česneku, nasekané
- 2 lžíce olivového oleje
- Sůl a pepř na dochucení

INSTRUKCE:
a) Očistěte a nakrájejte 1 šálek lesních hub.
b) Houby orestujte na 2 lžících olivového oleje se 2 nasekanými stroužky česneku.
c) Toastové plátky bagety.
d) Plátky bagety poklademe restovanými houbami.
e) Dochuťte solí a pepřem. Podávejte teplé.

30.Pesto Crostini z divokého česneku

SLOŽENÍ:
- 1 šálek listů medvědího česneku
- 1/2 šálku piniových oříšků
- 1/2 šálku parmazánu, strouhaného
- 1/2 šálku olivového oleje
- Plátky bagety
- Sůl a pepř na dochucení

INSTRUKCE:

a) Rozmixujte medvědí česnek, piniové oříšky, parmazán a olivový olej do hladka.

b) Plátky bagety opečeme a potřeme pestem z medvědího česneku.

c) Dochuťte solí a pepřem.

31. Žaludové squashové lívanečky

SLOŽENÍ:
- 2 šálky žaludové dýně, nastrouhané
- 1 vejce
- 1/4 šálku mouky
- 1/4 šálku parmazánu, strouhaného
- 1/4 šálku zelené cibule, nakrájené
- Sůl a pepř na dochucení
- Olivový olej na smažení

INSTRUKCE:

a) Smíchejte nastrouhanou žaludovou dýni, vejce, mouku, parmazán a zelenou cibulku.

b) Tvoříme malé placičky a smažíme na olivovém oleji do zlatova.

c) Dochuťte solí a pepřem. Podávejte teplé.

PŘEDCHODY

32. S jehlou polévka

SLOŽENÍ:
- 2 libry slunečnic
- 2 stonky celeru, nakrájené nahrubo
- 1 nakrájená cibule
- 2 lžíce olivového oleje
- 1 stroužek česneku
- 4 šálky zeleninového vývaru
- ½ lžičky sušeného oregana, sušených lístků bazalky a tymiánu
- 1 šálek vody
- Sůl a pepř na dochucení

INSTRUKCE:
a) Vydrhněte slunečníky, abyste je odstranili
b) nečistoty a poté opláchněte pod vodou. Po očištění nakrájejte rajče nahrubo na kostky a vložte do velkého hrnce.
c) Naplňte hrnec vodou, dokud nebudou slunečnice ponořené. Slunečnice vařte do měkka, přibližně 8 minut. Sceďte a poté dejte stranou.
d) Ve velké holandské troubě rozehřejte olivový olej a přidejte na kostičky nakrájenou cibuli a prolisovaný česnek. Jakmile cibule zesklovatí, přidejte nakrájený celer. Vařte asi 3 minuty za častého míchání.
e) Přidejte vařené okurky, oregano, lístky bazalky, tymián, vývar a vodu. Míchejte, aby se spojily.
f) Polévku přiveďte k varu a poté snižte k varu. Vařte 40 minut, dokud rajče nezměknou a nezměknou.
g) Nechte polévku vychladnout a poté mixujte na vysoké rychlosti v mixéru, dokud nebude polévka krémová a hladká.

33. Kuřecí prsa kaštanově glazovaná

SLOŽENÍ:
- Kaštanová javorová omáčka
- Americký švestkový kečup
- 4 kuřecí prsa
- 2 nasekané stroužky česneku
- 1 nakrájená cibule
- 1 lžíce olivového oleje
- Sůl a pepř

INSTRUKCE:
a) Olivy zahřejte na pánvi na středním plameni. Jakmile se třpytí, přidejte nakrájenou cibuli a špetku
b) sůl. Necháme 5 minut vařit, poté přikryjeme a necháme dalších 10 minut karamelizovat. Přidejte nasekaný česnek a vařte 1 minutu.
c) Přidejte kuřecí prsa na pánev a opečte je z obou stran, dokud nebudou lehce hnědá a již nebudou růžová.
d) Každé kuřecí prso potřeme kaštanovou javorovou omáčkou a opečeme z každé strany, dokud kuře z omáčky nezkaramelizuje, asi tři minuty z každé strany.
e) Na pánev nalijte ½ šálku kaštanově javorové omáčky navíc. Vařte s kuřecím masem další 2 minuty.
f) Na talíř podávejte glazovaná kuřecí prsa s restovanou zeleninou a kopečkem kečupu American Švestka.

34. Máslové thajské kari

SLOŽENÍ:
- 2 šálky podzemnice olejné, namočené přes noc ve vodě
- 1 plechovka kokosového mléka
- 1 hrnek zeleninového vývaru
- 2 PL thajské červené chilli pasty
- 1 PL rostlinného nebo řepkového oleje
- 1 šalotka, nakrájená na plátky
- 2 stroužky česneku, mleté
- 1 lžička strouhaného zázvoru
- 1 červená paprika, nakrájená podélně na proužky
- 1 šálek zelených fazolek
- ½ lžičky kajenského pepře
- ½ lžičky chilli

INSTRUKCE:
a) Slijte vodu z namočených arašídů a vložte do vysokorychlostního mixéru nebo kuchyňského robotu. Zpracujte do hladka a krému. .

b) V pánvi nebo v holandské troubě rozehřejte rostlinný olej na středním plameni. Přidejte nakrájenou šalotku a nasekaný česnek. Míchejte, dokud šalotka nebude průsvitná, asi 5 minut.

c) Vmíchejte mletý zázvor, thajské červené chilli, kajenský pepř a chilli prášek. Nechte zahřát a provoňte asi 45 sekund.

d) Přidejte nakrájenou červenou papriku a zelené fazolky. Míchejte 1 minutu, poté zalijte rozmixovanou arašídou a zeleninovým vývarem. Přiveďte k varu a vařte asi 10 minut na středně mírném ohni.

e) Nalijte kokosové mléko. Míchejte, dokud se nepromíchá a přiveďte k varu. Snižte teplotu a přiveďte k varu, poté přikryjte a vařte 15 minut.

35. Kopřivové noky

SLOŽENÍ:
- 2 šálky balených kopřiv
- 2 vejce
- 2 velké červené brambory
- 1 hrnek univerzální mouky
- 1 lžíce olivového oleje
- Sůl a pepř
- citronová kůra (na ozdobu)

INSTRUKCE:
a) Naplňte velký hrnec vodou. Přidejte brambory a přiveďte k varu na vysoké teplotě, dokud nejsou brambory měkké.
b) Mezitím si připravte kopřivy. Umístete
c) kopřivy do misky a misku naplňte vodou, dokud nejsou kopřivy ponořené. Kopřivy důkladně promíchejte, abyste odstranili případné nečistoty. Nechte jednu minutu odležet a poté kopřivy sceďte přes cedník. Přelijte kopřivy v cedníku vodou, abyste je naposledy opláchli.
d) Zahřejte olivový olej na pánvi na středním plameni. Přidejte kopřivy a promíchejte. Vařte, dokud kopřivy nezvadnou, asi 5 minut.
e) Vložte kopřivy, vejce a lžíci vody do mixéru. Přidejte špetku soli a pepře. Směs míchejte, dokud nevznikne pasta.
f) Jakmile jsou brambory hotové, nechte je vychladnout. Brambory zrýžujte nebo nastrouhejte, abyste vytvořili jemné hrudky brambor, poté rýžované/strouhané brambory rozmačkejte v misce.
g) Kopřivovou pastu přidáme k bramborám a promícháme. Přidejte mouku a hněťte, dokud nevznikne hladké a lehce lepivé těsto. Těsto nakrájejte na dva kusy.
h) Jeden kus těsta položte na pomoučněnou plochu a vyválejte do polena. Nařežte poleno na ½ palce. Opakujte s druhým kusem těsta.
i) Přiveďte k varu velký hrnec vody se špetkou soli. Noky uvařte ve čtyřech dávkách. Noky jsou hotové, když vystoupí na hladinu vody.
j) Až budete připraveni k podávání, ozdobte noky kapkou olivového oleje, citronovou kůrou a pepřem.

36. Glazovaná tilapie z černého bezu

SLOŽENÍ:
- 1 šálek krmných bezinek
- ½ lžičky krmné skořice
- 1 lžička krmné pomerančové kůry
- 1 lžička krmné citronové kůry
- ½ šálku pitné vody
- ½ šálku krmného medu
- Filety z tilapie (chycené ve volné přírodě, pokud je to možné)
- 1 polévková lžíce olivového oleje
- Sůl a pepř na dochucení
- Čerstvá citronová šťáva podle chuti

INSTRUKCE:

a) Ve středně velkém krmném košíku smíchejte bezinky, krmnou skořici, krmnou pomerančovou kůru, krmnou citronovou kůru a krmnou vodu. Umístěte koš nad otevřený oheň nebo přenosný sporák pro rustikální zážitek z vaření.
b) Směs přiveďte k mírnému varu, poté stáhněte plamen a nechte vařit, dokud směs nezhoustne a nezredukuje.
c) Skrmovanou směs nechte mírně vychladnout a poté ji přelijte přes jemné síto s jemnými oky nasazené nad miskou na krmení. Zlikvidujte veškeré krmné pevné látky.
d) Nechte vykrmenou šťávu z bezu uležet v misce po dobu 15 minut při okolní venkovní teplotě nebo zakrytou na zastíněném výkrmovém místě po dobu 30 minut. Po vychladnutí vmíchejte krmný med, dokud se nespojí. Dát stranou.
e) Mezitím postavte provizorní venkovní brojlery pomocí otevřeného ohně nebo grilu. V mělké pánvi nebo zapékací misce, kterou najdete při svých venkovních výpravách, naaranžujte filety tilapie ulovené ve volné přírodě do jedné vrstvy.
f) Vařte tilapii pod širým nebem nebo nad grilem po dobu 5 minut, nebo dokud nezachytí podstatu přírody.
g) Vyjměte tilapii z venkovního brojleru a posypte rybu olivovým olejem a špetkou soli a pepře. Nalijte na vrcholky filetů bezovou polevu, vytvořenou z štědrosti přírody, dokud nejsou potažené, ale ne příliš nasáklé.
h) Vraťte pánev do venkovního brojleru na dalších 5 minut, aby vrchní část filé dosáhla lehce karamelizované dokonalosti, která připomíná hostinu v divočině.
i) Vychutnejte si svou bezinkovou glazovanou tilapii se šťouchaným citronem a extra kouskem divoké glazury. Vychutnejte si chutě přírody v každém soustu!

37. B avarská bylinková polévka

SLOŽENÍ:
- 1 libra bylinek
- 4 lžíce másla
- 1 velká cibule, nakrájená
- 1 litr vody nebo zeleninového vývaru
- 1 velký brambor, oloupaný a nakrájený na malé kostičky
- sůl a pepř
- kostky chleba na krutony
- kerblík, řeřicha, špenát, šťovík

INSTRUKCE:
a) V hlubší pánvi rozpustíme máslo a cibuli na něm zpěníme doměkka, dokud není průhledná. Přidejte bylinky a chvíli je poduste, než zalijete vodou nebo vývarem. Přidejte brambory do polévky. Polévku přiveďte k varu a poté stáhněte plamen. Vařte 20 minut. Brambory v polévce rozmačkejte, aby trochu zhoustly. Ochutnejte a přidejte sůl a čerstvě mletý pepř.
b) Podáváme s chlebovými krutony osmaženými na másle nebo slaninovém tuku

38.Letní tykvová polévka

SLOŽENÍ:
- 4 střední cukety; umýt, nakrájet na 1"
- 1 velká žlutá tykev s křivolakým krkem; umýt, nakrájet na 1"
- 1 patty pánev Squash; rozčtvrcený
- 1 velká cibule; na tenké plátky
- 1 lžička česneku; jemně mleté
- 3 šálky kuřecího vývaru; odtučněný (3 až 3,5)
- Sůl a čerstvě mletý bílý pepř; ochutnat
- 2 lžíce čerstvé bazalky; jemně nasekané
- 2 lžíce čerstvé petrželky; jemně nasekané
- 1 lžíce citronové šťávy
- 1 šálek podmáslí
- Čerstvá bazalka; sekaný
- Čerstvá petržel; sekaný

INSTRUKCE:
a) Do velkého hrnce dejte všechnu dýni. Přidejte cibuli, česnek, vývar a sůl a pepř; přiveďte k varu, přikryjte, snižte teplotu a vařte 20 až 25 minut .
b) Pyré v kuchyňském robotu nebo mixéru s bazalkou, petrželkou a citronovou šťávou rozmixujte dohladka
c) Vmícháme podmáslí
d) Až budete připraveni k podávání, rozšlehejte do hladka a dochuťte solí a pepřem.

39. Rizoto s divokými houbami

SLOŽENÍ:
- 1 šálek lesních hub (lišek, smržů nebo jiných dostupných)
- 1 šálek rýže Arborio
- 1/2 šálku suchého bílého vína
- 4 hrnky zeleninového nebo kuřecího vývaru
- 1 cibule, nakrájená nadrobno
- 2 stroužky česneku, mleté
- 1/2 šálku parmazánu, strouhaného
- 2 lžíce másla
- Sůl a pepř na dochucení

INSTRUKCE:
a) Na másle orestujte cibuli a česnek, dokud nebudou průhledné.
b) Přidejte rýži Arborio a vařte, dokud se lehce neopečou.
c) Zalijte bílým vínem a míchejte, dokud se téměř neodpaří.
d) Postupně za častého míchání přiléváme teplý vývar, dokud není rýže uvařená.
e) Vmícháme lesní houby a parmazán. Dochuťte solí a pepřem. Podávejte teplé.

40. Kopřivová a bramborová polévka

SLOŽENÍ:
- 4 šálky čerstvých listů kopřivy
- 2 brambory, nakrájené na kostičky
- 1 cibule, nakrájená
- 2 stroužky česneku, mleté
- 4 šálky zeleninového vývaru
- 2 lžíce olivového oleje
- Sůl a pepř na dochucení

INSTRUKCE:
a) Při manipulaci s kopřivami používejte rukavice. Odstraňte stonky a nakrájejte listy.
b) Na olivovém oleji orestujte cibuli a česnek, dokud nebudou průhledné.
c) Přidáme brambory, kopřivy a zeleninový vývar. Dusíme, dokud brambory nezměknou.
d) Polévku rozmixujte do hladka. Dochuťte solí a pepřem.

41.Krmný pstruh s bylinkovou kůrkou

SLOŽENÍ:
- 4 filety ze pstruha
- 1/2 šálku nasekaných bylinek (rozmarýn, tymián, oregano).
- 2 lžíce olivového oleje
- 1 citron, nakrájený na plátky
- Sůl a pepř na dochucení

INSTRUKCE:
a) Předehřejte troubu na 375 °F (190 °C).
b) Nasekané bylinky smícháme s olivovým olejem.
c) Bylinkovou směsí potřeme filety ze pstruha. Dochuťte solí a pepřem.
d) Nahoru položte plátky citronu a pečte 15–20 minut, dokud se ryby snadno neloupou.

42. Plněné hroznové listy s krmenou zelení

SLOŽENÍ:
- 1 šálek krmné zeleniny (listy pampelišky, listy jitrocele)
- 1 šálek rýže, vařené
- 1/4 šálku piniových oříšků
- 1/4 šálku rybízu
- 1 citron, šťáva
- Hroznové listy (čerstvé nebo konzervované)
- Olivový olej
- Sůl a pepř na dochucení

INSTRUKCE:
a) Blanšírujte hroznové listy ve vroucí vodě, dokud nezměknou.
b) V misce smíchejte vařenou rýži, krmnou zeleninu, piniové oříšky, rybíz a citronovou šťávu.
c) Na každý hroznový list položte lžíci směsi a srolujte do pevného svazku.
d) Naplněné hroznové listy uložte do zapékací mísy, pokapejte olivovým olejem a pečte, dokud se neprohřejí.

43. Kuřecí prsa plněná divokými bylinkami a kozím sýrem

SLOŽENÍ:
- 4 kuřecí prsa
- 1 šálek nasekaných smíšených bylinek (tymián, šalvěj, majoránka).
- 1/2 šálku kozího sýra
- 2 lžíce olivového oleje
- Sůl a pepř na dochucení

INSTRUKCE:
a) Předehřejte troubu na 375 °F (190 °C).
b) Nasekané bylinky smícháme s kozím sýrem.
c) Do každého kuřecího prsíčka udělejte kapsu a naplňte směsí bylinek a kozího sýra.
d) Kuřecí prsa osolíme a opepříme, poté je orestujeme na olivovém oleji do zlatova. Dokončete pečení v troubě, dokud nebude propečené.

44. Fiddlehead Fern a chřest restujte

SLOŽENÍ:
- 1 šálek kapradin, očištěných
- 1 šálek chřestu, nakrájený na plátky
- 1 lžíce sezamového oleje
- 2 stroužky česneku, mleté
- Sojová omáčka podle chuti
- Sezamová semínka na ozdobu

INSTRUKCE:
a) Kapradiny a chřest blanšírujte několik minut ve vroucí vodě a poté sceďte.
b) Na pánvi rozehřejte sezamový olej, přidejte nasekaný česnek a za stálého míchání orestujte blanšírovanou zeleninu.
c) Přidejte sójovou omáčku podle chuti a pokračujte ve vaření, dokud zelenina nezměkne.
d) Před podáváním ozdobte sezamovými semínky.

45. Liška a pórkový quiche

SLOŽENÍ:
- 1 koláčová kůra
- 2 šálky lišek, očištěných a nakrájených na plátky
- 1 pórek, nakrájený na tenké plátky
- 1 šálek sýra Gruyere, nastrouhaný
- 4 vejce
- 1 šálek mléka
- Sůl a pepř na dochucení

INSTRUKCE:
a) Předehřejte troubu na 375 °F (190 °C).
b) Lišky a pórek restujte do změknutí.
c) V misce prošlehejte vejce, mléko, sůl a pepř.
d) Orestované žampiony a pórek naaranžujeme do koláčové krusty, poklademe strouhaným sýrem a zalijeme vaječnou směsí.
e) Pečte, dokud quiche neztuhne a nezezlátne.

46. Kasha se sušeným ovocem

SLOŽENÍ:
- 2 lžíce řepkového oleje
- 1 velká cibule, jemně nakrájená
- 3 až 4 stonky celeru
- 2 lžíce šalvěje, mleté
- 2 lžíce lístků tymiánu
- Sůl a pepř na dochucení
- Kůra z 1 citronu, nasekaná
- 4 šálky vařené celé kaše krupice vařené v kuřecím vývaru pro extra chuť
- 1 šálek nakrájeného míchaného sušeného ovoce
- ½ šálku pražených vlašských ořechů

INSTRUKCE:

a) Ve velké pánvi rozehřejte olej a cibuli za občasného míchání opékejte, dokud nezvadne. Přidejte celer, šalvěj, tymián, sůl a pepř a vařte za stálého míchání dalších 5 minut.

b) Vmícháme citronovou kůru a spojíme s uvařenou kaší. Sušené ovoce uvařte v páře na zeleninu, aby změklo a přidejte spolu s vlašskými ořechy.

c) Podávejte horké jako přílohu nebo použijte jako nádivku.

47. Kuřecí krém s bylinkami

SLOŽENÍ:
- 1 plechovka Krémová kuřecí polévka
- 1 plechovka Kuřecí vývar
- 1 plechovka mléka
- 1 plechovka vody
- 2 šálky Bisquick Baking Mix
- ¾ šálku mléka

INSTRUKCE:
a) Vyprázdněte plechovky polévky do velké pánve
b) Vmíchejte plechovky vody a mléka. Smíchejte dohromady do hladka. Zahřívejte na středním plameni až do varu
c) Smíchejte Bisquick a mléko. Těsto by mělo být husté a lepivé. Těsto po lžičkách vhazujte do vařící polévky.
d) Knedlíky vaříme cca. 8 až 10 minut. odkryté

48. Meruňková dijonská glazovaná krůta

SLOŽENÍ:
- 6 kostek kuřecího bujonu
- 1½ šálku nevařené dlouhozrnné bílé rýže
- ½ šálku loupaných mandlí
- ½ šálku nakrájených sušených meruněk
- 4 zelené cibule s natě; nakrájený
- ¼ šálku nasekané čerstvé petrželky
- 1 lžíce pomerančové kůry
- 1 lžička Sušený rozmarýn; rozdrcený
- 1 lžička Sušené lístky tymiánu
- 1 vykostěná půlka krůtích prsou – asi 2 1/2 libry
- 1 šálek Meruňkový džem nebo pomerančová marmeláda
- 2 lžíce dijonské hořčice

INSTRUKCE:
a) Pro bylinkový pilaf přiveďte vodu k varu. Přidejte bujón . Odstraňte z ohně do misky. Přidejte všechny zbývající přísady pilaf kromě krůty; dobře promíchejte. Na rýžovou směs položte krůtu .
b) Přikryjte a pečte 45 minut
c) Vyjměte krůtu z trouby; opatrně vyjměte Baker with Oven Mitts.
d) Těsně před podáváním pilaf promíchejte, podávejte s krůtím masem a omáčkou.

49. Kuřecí maso a rýže na bylinkové omáčce

SLOŽENÍ:
- ¾ šálku horké vody
- ¼ šálku bílého vína
- 1 lžička granulí s kuřecím vývarem
- 4 (4 oz.) půlky kuřecích prsou zbavené kůže a vykostěné
- ½ lžičky kukuřičného škrobu
- 1 lžíce vody
- 1 balení sýra typu Neufchatel s bylinkami a kořením
- 2 šálky horké vařené dlouhozrnné rýže

INSTRUKCE:
a) Přiveďte horkou vodu, víno a bujónové granule k varu ve velké pánvi na středně vysokém ohni. Snižte teplotu a přidejte kuře, vařte 15 minut; otočení po 8 minutách. Po dokončení kuře vyjměte, udržujte v teple. Tekutinu na vaření přiveďte k varu, snižte na ⅔ šálku.

b) Smíchejte kukuřičný škrob a vodu a přidejte do tekutiny. Přiveďte k varu a za stálého míchání vařte 1 minutu. Přidejte smetanový sýr a za stálého míchání drátěnou metlou vařte, dokud se dobře nespojí. Sloužit:

c) Navrch rýže s kuřecím masem, lžíce omáčky na kuře

50.Kuře na smetaně a bylinkách

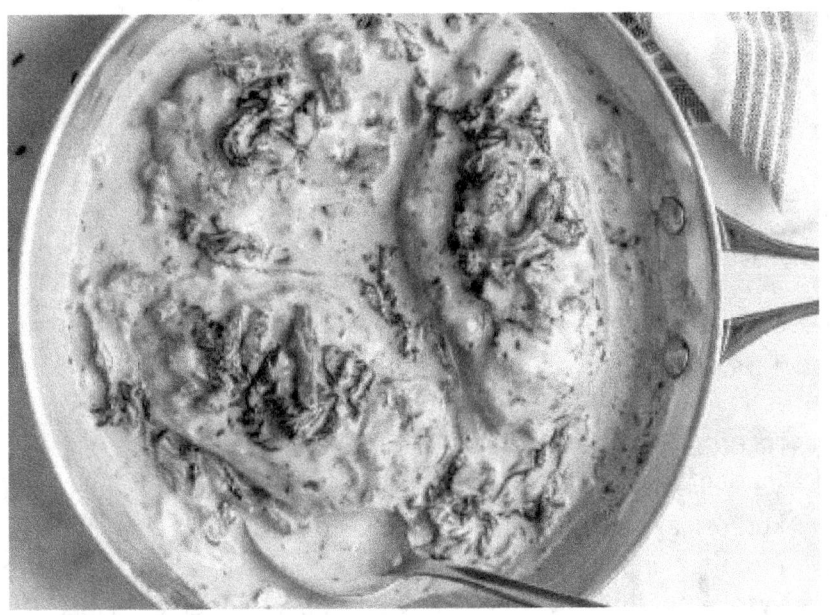

SLOŽENÍ:

- 6 Kuřecí stehna, zbavená kůže a vykostěná
- Univerzální mouka ochucená solí a pepřem
- 3 lžíce másla
- 3 lžíce olivového oleje
- ½ šálku suchého bílého vína
- 1 lžíce citronové šťávy
- ½ šálku smetany ke šlehání
- ½ lžičky sušeného tymiánu
- 2 lžíce nasekané čerstvé petrželky
- 1 citron, nakrájený na plátky (obloha)
- 1 lžíce kapary, opláchnuté a okapané (obloha)

INSTRUKCE:

a) Ve velké pánvi rozehřejte 1½ lžíce másla a oleje. Přidejte kousky kuřete, jak se vejde, aniž by se přecpaly. kuchař

b) Přidejte víno a citronovou šťávu do pánve a vařte na středně vysoké teplotě, míchejte, aby se spojily zhnědlé částice. Vařte, zredukujte asi na polovinu

c) Přidejte smetanu ke šlehání, tymián a petržel; vaříme, dokud omáčka mírně nezhoustne. Případnou šťávu z masa z nahřívacího talíře nalijte do omáčky.

d) Omáčku upravte na koření podle chuti. Přelijeme na maso a ozdobíme petrželkou, plátky citronu a kapary

51. Kuřecí madeira na sušenkách

SLOŽENÍ:
- 1½ libry kuřecí prsa
- 1 lžíce oleje na vaření
- 2 stroužky česneku, mleté
- 4½ šálku nakrájených čerstvých hub
- ½ šálku nakrájené cibule
- 1 šálek zakysaná smetana
- 2 lžíce univerzální mouky
- 1 šálek odstředěného mléka
- ½ šálku kuřecího vývaru
- 2 lžíce madeiry nebo suchého sherry

INSTRUKCE:
a) Kuře vařte na rozpáleném oleji na středně vysokém ohni 4–5 minut nebo dokud nebude růžové. Přidejte česnek, houby a cibuli na pánev. Vařte odkryté 4–5 minut nebo dokud se tekutina neodpaří.
b) V misce smícháme zakysanou smetanu, mouku, ½ lžičky soli a ¼ lžičky pepře. Přidejte směs zakysané smetany, mléko a vývar do pánve. Přidejte kuře a Madeiru nebo sherry; prohřát.
c) Podávejte přes bylinkové sušenky.
d) V případě potřeby posypeme na tenké plátky nakrájenou zelenou cibulkou

52. Kuřecí polévka s bylinkami

SLOŽENÍ:
- 1 šálek sušených fazolí cannellini
- 1 lžička Olivový olej
- 2 pórky, oříznuté - umyté
- 2 mrkve - oloupané a nakrájené na kostičky
- 10 mililitrů česneku - jemně nasekaný
- 6 Švestková rajčata – semena a
- 6 Nové brambory
- 8 šálků Domácí kuřecí vývar
- ¾ šálku Suché bílé kňučení
- 1 Snítka čerstvého tymiánu
- 1 Snítka čerstvého rozmarýnu
- 1 Bobkový list

INSTRUKCE:

a) Fazole propláchneme a vybereme, zalijeme vodou a necháme 8 hodin nebo přes noc máčet. Ve velkém hrnci rozehřejte olej na středně mírném ohni. Přidejte pórek, mrkev a česnek; vaříme do změknutí, asi 5 minut. Vmíchejte rajčata a vařte 5 minut. Přidejte brambory a vařte 5 minut.

b) Přidejte kuřecí vývar, víno a bylinky; přivést k varu. Fazole sceďte a přidejte do hrnce; vaříme 2 hodiny, nebo dokud fazole nezměknou.

c) Před podáváním vyjměte bobkový list a snítky bylinek.

53. Kuře na víně a bylinkách

SLOŽENÍ:
- Smažení kuře
- ½ lžičky oregana
- ½ lžičky bazalky
- 1 šálek suchého bílého vína
- ½ lžičky česnekové soli
- ½ lžičky soli
- ¼ lžičky pepře

INSTRUKCE:
a) Kuře omyjeme a nakrájíme. Na malém množství oleje opečeme kuřecí kousky ze všech stran. Vylijte přebytečný olej.
b) Přidejte víno a koření a vařte 30 až 40 minut, nebo dokud kuře nezměkne.

54. Cizrnový a bylinkový salát

SLOŽENÍ:
- 1 plechovka Cizrna (16 uncí)
- 1 médium Okurka, oloupaná
- 1 velké rajče
- 1 Červená paprika, zbavená semínek a nakrájená na kostičky
- 2 jarní cibulky, nakrájené
- 1 Avokádo
- ⅓ šálku olivového oleje
- 1 citron
- ¼ lžičky soli
- ⅛ lžičky bílého pepře
- 8 Listy čerstvé bazalky, nasekané
- ⅓ šálku Kopr, čerstvý

INSTRUKCE:
a) Cizrnu sceďte a dobře propláchněte. Okurku nakrájíme na tenké plátky a poté je rozpůlíme. Rajčata nakrájíme na měsíčky a poté je rozpůlíme.
b) Do mísy dejte kousky okurky a rajčat, stejně jako červenou papriku a jarní cibulku. Dát stranou. Nakrájené avokádo. Dejte do velké mísy a přidejte olej a šťávu z poloviny citronu.
c) Přidejte sůl, pepř a bazalku. Promíchejte vidličkou (avokádo bude krém).
d) Přidejte zeleninu a kopr do avokádové směsi. Jemně prohoďte. Přidejte cizrnu a promíchejte.
e) Ochutnejte a podle potřeby přidejte ještě citron, sůl a pepř. Sloužit. Lze připravit předem a vychladit.

55. Čerstvé bylinky a parmazán

SLOŽENÍ:
- 5 šálků kuřecího nebo zeleninového vývaru
- 3 lžíce olivového oleje
- ½ velké cibule; sekaný
- 1½ šálku rýže Arborio
- ½ šálku suchého bílého vína
- ¾ šálku parmazánu; strouhaný
- 1 šálek Směs čerstvých bylinek
- ½ šálku pečené červené papriky; sekaný
- Sůl a pepř; ochutnat

INSTRUKCE:
a) V malém hrnci na vysoké teplotě přiveďte vývar k varu. Snižte teplotu na minimum a udržujte tekutinu horkou.
b) Orestujte cibuli, přidejte rýži a míchejte, dokud se uprostřed zrnek neobjeví bílá skvrna, asi 1 minutu.
c) Přidejte víno a míchejte, dokud se nevstřebá . Za stálého míchání pomalu přidávejte vývar .
d) Přidejte ¾ šálku parmazánu, bylinky, pečenou papriku a sůl a pepř podle chuti. Míchejte do smíchání.

56. Pampeliškový salát

SLOŽENÍ:
- 4 šálky čerstvé pampelišky
- 1 šálek cherry rajčat, napůl
- 1/2 šálku sýra feta, rozdrobený
- 1/4 šálku balzamikového vinaigrettu
- Sůl a pepř na dochucení

INSTRUKCE:
a) Omyjte a osušte zelí pampelišky.
b) Přihoďte pampeliškovou zeleninu, cherry rajčata a sýr feta.
c) Pokapeme balzamikovým vinaigrettem. Dochuťte solí a pepřem.

57.Bylinkové zeleninové konfety

SLOŽENÍ:
- 3 střední mrkev; oloupané
- 1 střední cuketa; konce zastřižené
- 1 lžička Olivový olej
- ⅛ lžičky Mletý muškátový oříšek
- ⅛ lžičky tymiánu

INSTRUKCE:
a) Mrkev a cuketu nastrouháme na hrubé straně struhadla.
b) Ve středně velké pánvi rozehřejte olej na středně vysokou teplotu.
c) Vmíchejte zeleninu, muškátový oříšek a tymián.
d) Vařte 3 až 4 minuty za občasného míchání, dokud zelenina nezvadne.

58. Pražený bylinkový ječmen

SLOŽENÍ:
- 1 velká cibule
- ½ tyčinkového másla
- ½ kila čerstvých hub, nakrájených na plátky
- 1 šálek perličkového ječmene
- 1 lžička soli
- 3 hrnky zeleninového vývaru
- 1 lžička tymiánu
- ½ lžičky majoránky
- ½ lžičky rozmarýnu
- ¼ lžičky šalvěje
- ½ lžičky letního pikantního

INSTRUKCE:
a) Cibuli nakrájíme nadrobno. Ve velké pánvi vhodné do trouby opékejte cibuli na másle asi 5 minut, až zesklovatí. Přidejte houby a vařte další 3 minuty. Vmíchejte všechny ostatní ingredience kromě vývaru a před přidáním rozdrťte bylinky.

b) Smažte na středně vysokém ohni a několik minut míchejte, aby se ječmen obalil

c) Zahřejte vývar v samostatné pánvi a přidejte vývar do směsi ječmene, když je horký.

d) Zakryjte pánev alobalem a pečte asi hodinu v předehřáté troubě na 350 stupňů (F.).

DEZERT

59. Servírový koláč s ovesnou krustou

SLOŽENÍ:
- 2 ½ šálku ostružin
- 3 lžíce bobulového džemu
- ¼ šálku vody
- 1 ¾ šálku ovesných vloček
- ¼ šálku mandlové mouky (nebo víceúčelové mouky, pokud neobsahuje ořechy)
- 4 lžíce másla nebo kokosového oleje
- ½ lžičky soli
- 1 lžíce ořechového másla (nebo další máslo/kokosový olej, pokud ořechy neobsahují)
- 2 lžíce mandlového nebo kokosového mléka
- 1 lžička citronové kůry

INSTRUKCE:
a) Předehřejte troubu na 350 °C. Plech na dort namažte olejem a dejte stranou.
b) Chcete-li vytvořit kůrku, rozdrťte oves v kuchyňském robotu, dokud nebude zrnitý. Přidejte mandlovou mouku, sůl, máslo, ale máslo a ½ lžičky citronové kůry. Duste, dokud se nerozdrolí, poté přidejte mandlové mléko a pulzujte, dokud těsto nebude mírně lepivé.
c) Ovesnou kůru vtlačíme do olejem vymazané formy na koláč. Ovesnou kůru pečte naslepo 7 minut.
d) Ve středním hrnci smíchejte 1 ½ šálku ostružin, džem a vodu. Přiveďte k varu, poté snižte na mírný plamen a každé 2 minuty promíchejte. Jakmile se ovoce zredukuje a zhoustne, aby připomínalo sirup, vypněte teplo. Pokud se vám nelíbí textura semínek, sceďte směs přes jemné síto.
e) Na ovesnou krustu posypte zbývajícím 1 šálkem ostružin. Bobule zalijte sirupem z oskeruše a zarovnejte směs pomocí gumové stěrky.
f) Koláč pečte asi 30 minut, dokud se ostružiny nescvrknou.

60. Kořeněný tomelový dort

SLOŽENÍ:

- 2 měkké, zralé kaki
- ¼ šálku javorového sirupu
- 2 hrnky cukru
- 1 plechovka kokosového mléka
- ½ šálku rostlinného oleje
- 1 ½ šálku univerzální mouky
- 1 ½ hrnku špaldové mouky
- 1 lžička skořice
- 1 lžička zázvoru
- 1 lžička muškátového oříšku
- ¼ lžičky mletého hřebíčku

INSTRUKCE:

a) Předehřejte troubu na 350 stupňů. Dortovou formu nebo dortovou formu vymažte olejem a dejte stranou.
b) Vydlabejte dužinu kaki a dejte do velké mísy. Přidejte javorový sirup, cukr, kokosové mléko a rostlinný olej. Šlehejte přísady, dokud se nespojí.
c) V další velké míse smíchejte všechny suché ingredience a šlehejte, dokud se nespojí.
d) Mokré pomalu nalijte do suché mísy. Míchejte gumovou stěrkou, dokud se nespojí, dávejte pozor, abyste nepřemíchali!
e) Směs nalijeme do připravené dortové formy a vložíme do trouby zapéct.
f) minut. Koláč je hotový, když párátko zapíchnuté do středu vyjde čisté.

61. Čokoládový oříškový dort bez mouky

SLOŽENÍ:
- 1 šálek lískových ořechů
- ¼ šálku kakaového prášku
- ½ šálku hořké čokolády
- Špetka soli
- 4 velká vejce, bílky oddělit od žloutků
- 4 lžíce másla nebo kokosového oleje
- ½ šálku cukru
- 1 lžička vanilkového extraktu

INSTRUKCE:
a) Předehřejte troubu na 275 stupňů. Plech vyložíme pečicím papírem, vsypeme lískové ořechy a opékáme asi 10 minut.
b) Mezitím si připravte dortovou/bundt formu
c) postříkání 9palcové pružinové pánve sprejem na vaření a umístěním pergamenu na dno pánve.
d) Jakmile ořechy vychladnou, rozpulte je v kuchyňském robotu, dokud nevznikne hrubá mouka z lískových oříšků.
e) Zvyšte teplotu trouby na 350 stupňů.
f) Ve velké míse ušlehejte žloutky, cukr a vanilku, dokud nebudou hladké a dobře spojené. Vmícháme mouku z lískových oříšků a sůl.
g) V další velké míse ušlehejte bílky, dokud se nevytvoří tuhé špičky.
h) Čokoládu a máslo rozpusťte na sporáku nebo v mikrovlnné troubě v krátkých krocích. Nechte mírně vychladnout a poté směs nalijte do mísy s oříškovou moukou, žloutky a cukrem. Míchejte, aby se spojily.
i) Bílky vmícháme do čokoládového těsta a mícháme, dokud se nespojí. Těsto vyškrábněte do připravené formy na těsto.
j) Koláč pečeme v troubě asi 40 minut.

62. Bezová panna cotta s jahodami

SLOŽENÍ:
- 500 ml dvojité smetany
- 450 ml plnotučného mléka
- 10 velkých hlav černého bezu, květy trhané
- 1 vanilkový lusk, vyškrábaná semínka
- 5 listů želatiny
- 85 g zlatého moučkového cukru

PRO CRUMBLE
- 75 g másla plus navíc na mazání
- 75 g hladké mouky
- 50 g zlatého moučkového cukru
- 25 g mletých mandlí

SLOUŽIT
- 250 g punnetových jahod, ořezané vršky
- 1 lžíce zlatého moučkového cukru
- několik natrhaných květů černého bezu na ozdobu

INSTRUKCE:
a) Smetanu, mléko, květiny, vanilkový lusk a semínka dejte do pánve nastavené na mírné teplo. Jakmile se tekutina začne vařit, stáhněte ji z plotny a nechte zcela vychladnout.
b) Mezitím na drobenku vyklopte máslo do malé pánve a jemně zahřívejte, dokud nezhnědne a nezavoní oříškem. Nalijte do misky a nechte vychladnout při pokojové teplotě do ztuhnutí.
c) Po vychladnutí smetanové směsi lehce vymažte vnitřky šesti 150ml formiček na dariole. Listy želatiny namočte na 10 minut do studené vody. Vychladlou smetanovou směs přecedíme přes sítko na čistou pánev, květy bezu a vanilkový lusk vyhodíme. Vsypeme cukr a mícháme, aby se rozpustil. Dejte na mírný oheň a přiveďte zpět k varu, poté nalijte do velké konvice. Z želatiny vymačkejte přebytečnou tekutinu a vmíchejte do horké smetany, dokud se nerozpustí. Míchejte, dokud směs nevychladne a mírně zhoustne, aby všechna vanilková semínka neklesla ke dnu. Nalijte do formiček a nechte alespoň 4 hodiny chladit. dokud nebude nastaveno.
d) Troubu rozpálíme na 180C/160C horkovzdušná/plynová 4. Do mouky vetřeme zhnědnuté máslo, poté vmícháme cukr a mandle. Rozložte na plech vyložený pečicím papírem. Pečte 25-30 minut dozlatova, několikrát promíchejte. Nechte vychladnout.
e) Jahody nakrájejte na plátky, poté smíchejte s cukrem a 1 lžičkou vody. Necháme macerovat 20 minut.
f) Panna cotty vyklopte na talíře a posypte je jahodami a jejich šťávou. Posypte trochou drobenky, něco navíc podávejte v misce na boku a poté ozdobte několika bezovými květy.

63. Bezový květ Dort

SLOŽENÍ:
- 1 šálek husté smetany
- 1 šálek plnotučného mléka
- ½ šálku cukru
- 4 vejce
- 1 lžička květu černého bezu
- Čerstvé květy černého bezu (volitelné)

INSTRUKCE

a) Předehřejte troubu na 350 °F (175 °C).
b) Ve středním hrnci zahřejte smetanu, mléko a cukr na středním plameni, dokud se cukr nerozpustí.
c) V samostatné misce rozšleháme vejce a bezový květ Cordial.
d) Smetanovou směs pomalu za stálého šlehání vlijte do vaječné směsi.
e) Směs přecedíme přes jemné síto.
f) Směs nalijte do zapékací misky o průměru 9 palců (23 cm).
g) Zapékací mísu vložte do větší zapékací mísy nebo pekáče a naplňte větší mísu takovým množstvím horké vody, aby sahala do poloviny stěn menší mísy.
h) Pečte 45–50 minut, nebo dokud okraje neztuhnou, ale střed se stále mírně chvěje.
i) Vyjměte z trouby a nechte vychladnout na pokojovou teplotu.
j) Před podáváním vychlaďte alespoň 2 hodiny v lednici.
k) Podle chuti ozdobte čerstvými květy černého bezu.

64. Vykrmený dort z bobulí a kopřiv

SLOŽENÍ:
- 2 šálky míchaných lesních plodů (ostružiny, maliny, borůvky)
- 1 šálek kopřivových listů, jemně nasekaných (při manipulaci používejte rukavice)
- 2 hrnky univerzální mouky
- 1 1/2 lžičky prášku do pečiva
- 1/2 lžičky jedlé sody
- 1/2 lžičky soli
- 1 šálek nesoleného másla, změkčeného
- 1 1/2 šálku krystalového cukru
- 3 velká vejce
- 1 lžička vanilkového extraktu
- 1 šálek podmáslí

INSTRUKCE:
a) Předehřejte troubu na 350 °F (175 °C). Vymažte a vysypte dortovou formu.
b) V míse smíchejte mouku, prášek do pečiva, jedlou sodu a sůl.
c) V jiné míse ušlehejte máslo a cukr, dokud nebude světlá a nadýchaná.
d) Přidávejte vejce jedno po druhém a po každém přidání dobře prošlehejte. Vmícháme vanilkový extrakt.
e) Postupně přidáváme suché ingredience k mokrým, střídavě s podmáslím. Začněte a skončete suchými přísadami.
f) Jemně vmíchejte nasbírané bobule a nasekané listy kopřivy.
g) Těsto nalijeme do připravené dortové formy a povrch uhladíme.
h) Pečte 40–45 minut, nebo dokud párátko zapíchnuté do středu nevyjde čisté.
i) Koláč nechte 10 minut vychladnout na pánvi a poté jej přendejte na mřížku, aby zcela vychladl.
j) Případně poprašte moučkovým cukrem nebo potřete jednoduchou polevou ze smetanového sýra.

65. Bezová zmrzlina

SLOŽENÍ:
- 1 ½ šálku plnotučného mléka
- 2 šálky husté smetany
- ½ šálku zakysané smetany
- 4 velké žloutky
- ½ šálku medu
- 4-5 bezového likéru
- ½ lžičky vanilkového extraktu
- špetka soli

INSTRUKCE:
a) Vyšleháme žloutky a dáme stranou.
b) V hrnci se silným dnem smíchejte mléko, smetanu, zakysanou smetanu, sůl a med.
c) Do směsi nakrájejte jednotlivé růžičky a vyhoďte co nejvíce materiálu stonku. Zahřívejte na středně vysokém ohni za častého míchání. NEVAŘIT.
d) Když je směs mléka a smetany horká, energicky zašleháme plnou naběračku do žloutků. Vaječnou směs pomalu nalijte do směsi mléka a smetany a znovu intenzivně šlehejte.
e) Vraťte kastrol na střední teplotu a za stálého míchání pokračujte ve vaření, dokud nezhoustne a nepokryje zadní část lžíce. Odstraňte z tepla. Vmícháme vanilkový extrakt.
f) Nalijte směs přes jemné síto do nádoby nebo misky, aby vychladla. Zbytky bezového květu vyhoďte.
g) Po úplném vychladnutí smetanové směsi postupujte podle pokynů výrobce zmrzliny pro stloukání. Případně, pokud nemáte zmrzlinovač, nalijte směs do zapékací mísy s okrajem a dejte do mrazáku, každou půlhodinu seškrábejte směs vidličkou na tuhou, ale světlou konzistenci.

66. Bezový sorbet

SLOŽENÍ:
- 2 šálky vody
- 1 hrnek cukru
- ¼ šálku bezového květu cordial
- 2 lžíce citronové šťávy

INSTRUKCE
a) V hrnci smíchejte vodu a cukr. Zahřívejte na středním plameni, dokud se cukr úplně nerozpustí.
b) Sundejte z plotny a vmíchejte bezový květ a citronovou šťávu.
c) Směs necháme vychladnout na pokojovou teplotu.
d) Směs nalijte do zmrzlinovače a šlehejte podle návodu výrobce.
e) Po stloukání přendejte sorbet do nádoby s víkem a na několik hodin zmrazte, aby ztuhl.
f) Bezový sorbet podávejte ve vychlazených miskách nebo sklenicích jako jemný a květinový dezert.

67. Bezová a ostružinová zmrzlina

SLOŽENÍ:
- 225 g ostružin 1 polévková lžíce cukru
- 284ml kartonový dvojitý krém, chlazený
- 8 lžic bezového květu cordial
- 142 ml kartonové smetany ke šlehání, chlazené

INSTRUKCE:

a) Ostružiny dejte do malého hrnce a přidejte cukr. Mírně za občasného promíchání zahříváme, dokud z ovoce nevyteče šťáva a směs se nepřivede k varu.

b) Mírně vařte 2–3 minuty, dokud ostružiny nezměknou. (Případně vložte ostružiny a cukr do vhodné misky a vložte do mikrovlnné trouby na 2–3 minuty, nebo dokud ovoce nezměkne.)

c) Ostružinovou směs prolisujte přes sítko a vyhoďte semínka. Nechte pyré vychladnout, zakryjte a chlaďte asi 30 minut nebo dokud dobře nevychladne.

d) Mezitím vyklopte dvojitý krém do džbánu, přidejte bezový květ a míchejte do hladka. Přikryjte a chlaďte 20–30 minut.

e) Do směsi bezových květů vmíchejte ostružinové pyré do hladka. Smetanu ke šlehání přelijte do mísy a šlehejte, dokud se nevytvoří měkké špičky.

f) Do ostružinové směsi jemně vmícháme šlehačku.

g) Směs přendejte do zmrzlinovače a zmrazte podle návodu.

h) Přeneste do vhodné nádoby a zmrazte, dokud není potřeba.

68. Pěna z bezových květů

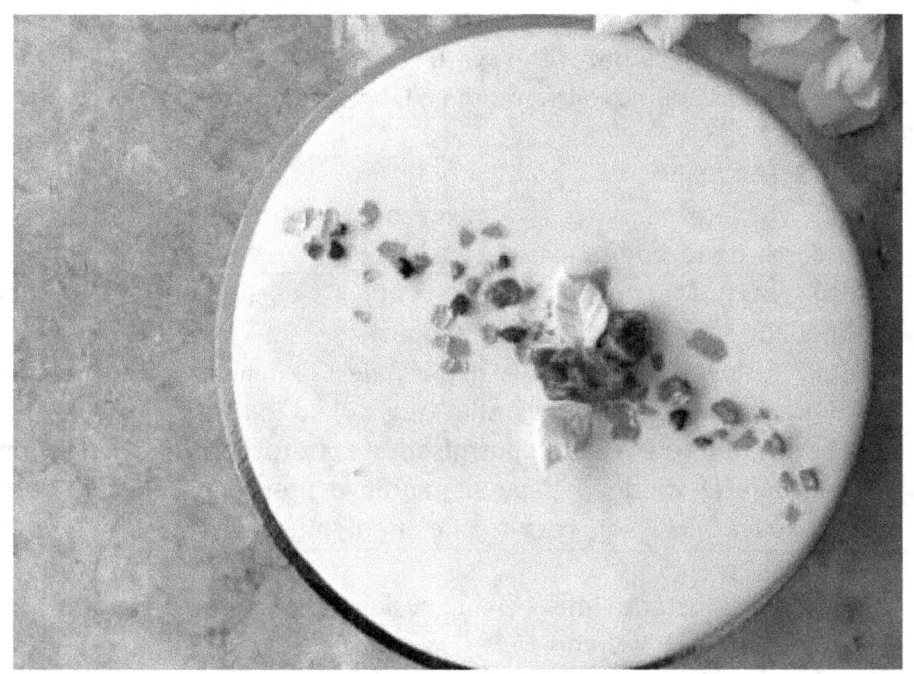

SLOŽENÍ:
- 250 gramů sýra Mascarpone
- 200 gramů pudinku z obchodu
- 125 mililitrů bezového květu cordial
- 200 mililitrů dvojité smetany, lehce našlehané

INSTRUKCE:

a) Začněte tím, že v mixovací nádobě lehce zašleháte sýr Mascarpone, aby změkl.

b) K sýru Mascarpone přidejte pudink z obchodu a šlehejte, dokud nebude směs hladká a dobře spojená.

c) Přišlehejte bezový kordál, počínaje 125 mililitry. Množství můžete upravit podle své chuti a přidat více, pokud toužíte po výraznější chuti bezového květu. Buďte opatrní, abyste v této fázi nepřešlehali; jemné skládání je vhodnější, aby se zabránilo přemísení. Chcete zachovat lehkou a vzdušnou texturu, ne přeměnit směs na bezové srdečné máslo.

d) V samostatné misce lehce ušlehejte dvojitou smetanu, dokud nevytvoří měkké vrcholy.

e) Šlehačku jemně vmíchejte do směsi Mascarpone a bezových květů, dokud se vše zcela nespojí. Opět dávejte pozor, abyste nepřemíchali, protože chcete zachovat vzdušnou texturu pěny.

f) Ochutnejte pěnu a v případě potřeby přidejte více bezového květu, upravte podle vaší preferované úrovně chuti bezového květu.

g) Jakmile se směs dobře spojí a budete spokojeni s chutí, nechte pěnu před podáváním alespoň půl hodiny vychladit v lednici.

h) Až budete připraveni k podávání, můžete pěnu ozdobit čerstvými květy černého bezu nebo kapkou dalšího bezového likéru pro krásnou prezentaci.

i) Vychutnejte si domácí bezovou pěnu jako lehký a elegantní dezert, ideální pro každou příležitost.

69.Rebarborová drobenka z lesních jahod

SLOŽENÍ:
- 2 šálky nakrájených jahod
- 2 stonky rebarbory
- 2 lžíce jahodového džemu
- 2 lžíce javorového sirupu
- 1 lžíce citronové šťávy
- 1 polévková lžíce tapiokového škrobu nebo kukuřičného škrobu
- 2 šálky ovesných vloček
- ¼ šálku mandlí
- ¼ šálku hnědého cukru
- ¼ šálku (půl tyčinky) másla nebo kokosového oleje
- Špetka soli

INSTRUKCE:
a) Předehřejte troubu na 375 stupňů.
b) Ve střední misce smíchejte jahody a na kostičky nakrájenou rebarboru. Zamíchejte
c) džem, javorový sirup, citronová šťáva a tapiokový škrob.
d) V kuchyňském robotu rozdrťte oves a mandle, dokud se nerozdrobí. Přidejte hnědý cukr, máslo a sůl. Pulzujte, dokud oves není lehce lepivý a nespojí se.
e) Přitlačte polovinu ovesné drobenky na dno dortové nebo zapékací misky. Navrch nalijte jahodovo-rebarborovou směs a pak vrstvy posypte zbytkem ovesné drobenky.
f) Zakryjte misku alobalem a pečte 30 minut. Po 30 minutách pečte drobenku odkrytou dalších 20-30 minut, aby byla vrchní vrstva křupavá.
g) Ihned podávejte s kopečkem vanilkové zmrzliny!

70. Pláž Švestka Sorbet

SLOŽENÍ:
- 400 g plážových švestek
- 1 lžička vanilkového extraktu
- 1 lžička skořice
- ¼ šálku vody
- ¼ šálku cukru

INSTRUKCE:
a) Předehřejte troubu na 375 stupňů. Plech vyložte hliníkovou fólií.
b) Švestky rozpůlíme a zbavíme pecek. Švestky posypte vanilkovým extraktem a skořicí a míchejte, dokud nejsou švestky rovnoměrně obalené. Švestky restujte, dokud slupka nezkaramelizuje, asi půl hodiny. Vyndejte z trouby a nechte vychladnout.
c) Švestky rozmixujte ve vysokorychlostním mixéru nebo kuchyňském robotu. Pokud používáte kuchyňský robot, sceďte výslednou směs přes síto a dužinu vyhoďte na hladký sorbet.
d) V malém hrnci na středně mírném ohni rozpusťte cukr ve vodě asi 2 minuty. Necháme vychladnout a poté přelijeme švestkovou směsí.
e) Švestkovou směs nasypeme do mísy a přikryjeme. Dejte do mrazáku a nechte vychladit. Po 1 hodině vyjměte z mrazáku, prošlehejte směs, aby se rozbily ledové krystalky, a vložte zpět do mrazáku na další půlhodinu. Toto opakujte, dokud sorbet nezmrzne.
f) Jakmile je sorbet zcela zmrazený, rozdrťte ho na kousky ledu a rozmixujte ve vysokorychlostním mixéru do hladka. Švestkový sorbet vložte do nádoby s víkem a zmrazte do ztuhnutí.
g) Než si pochutnáte, nechte švestkový sorbet 5 minut odpočinout při pokojové teplotě, abyste si mohli vychutnat hladkou, osvěžující pochoutku.

71.Citronová bylinková zmrzlina

SLOŽENÍ:
- 1½ šálku smetany ke šlehání
- 1½ šálku mléka
- ⅔ šálku cukru
- 3 žloutky
- ½ lžičky vanilkového extraktu
- ½ citronu kůra a citronová šťáva
- ¼ šálku listů citronové verbeny
- ¼ šálku listů meduňky

INSTRUKCE:
a) Míchejte a zahřívejte smetanu, mléko a cukr, dokud se cukr nerozpustí.
b) V malé misce lehce prošlehejte žloutky. Do mísy nalijte 1 šálek horké smetanové směsi . Neustále mícháme vařečkou . Vmíchejte vanilku. Do horkého zmrzlinového základu vmíchejte citronovou kůru, citronovou šťávu a natvrdo nabalené citronové bylinky.
c) Směs nalijte do zmrzlinovače a zmrazte podle návodu výrobce.

72.Bylinné citronové sušenky

SLOŽENÍ:
- 1 šálek másla
- 2 šálky cukru; rozdělený
- 2 vejce
- 1 lžička vanilkového extraktu
- 2½ šálku mouky
- 2 lžičky prášku do pečiva
- ¼ lžičky soli
- ⅓ šálku Sušené citronové bylinky
- ⅓ šálku celkem: Byliny

INSTRUKCE:
a) Smetanové máslo a 1¾ šálku cukru
b) Přidejte vejce a vanilku; dobře porazit.
c) Smíchejte mouku, prášek do pečiva, sůl a bylinky. Přidejte do smetanové směsi; směs.
d) Těsto dávejte po lžičkách, 3" od sebe, na vymazaný plech.
e) Pečte při 350 F. po dobu 8 až 10 minut, nebo dokud sotva zhnědnou. Mírně vychladněte a poté vyjměte na mřížku.

KOMĚNÍ

73. Aronie ocet

SLOŽENÍ:
- ½ šálku aronie
- 1 ½ šálku jablečného octa
- 1 PL cukru

INSTRUKCE:
a) Smíchejte všechny ingredience v zednické nádobě a promíchejte.
b) Pevně uzavřete a uchovávejte v lednici minimálně 1 týden.

74. Americký švestkový kečup

SLOŽENÍ:
- 4 šálky amerických švestek
- ¼ šálku nakrájené červené cibule
- ½ lžičky čerstvě nastrouhaného zázvoru
- ¼ šálku jablečného octa
- ¼ lžičky muškátového oříšku
- ¼ lžičky hřebíčku
- ¼ lžičky skořice
- ¼ lžičky cayenne
- 1 PL melasy
- 2 PL javorového sirupu
- 1 PL řepkového oleje

INSTRUKCE:
a) Celé švestky vložte do středního hrnce s ¼ šálku vody. Hrnec přikryjte a vařte švestky na středním plameni asi 20 minut, dokud se švestky nescvrknou, takže z nich zbude jen šťáva, slupka a pecka. Během vaření každých pár minut hrncem protřepejte, aby se švestky neslepily a nepřipálily.

b) Po vychladnutí umístěte cedník nad mísu a švestkovou směs přelijte přes cedník, aby se švestková šťáva scedila ze slupky a pecek. Dát stranou.

c) Ve středně velkém hrnci orestujte nakrájenou červenou cibuli a zázvor na řepkovém oleji, dokud cibule nezprůhlední. Vmíchejte muškátový oříšek, hřebíček, skořici a kajenský pepř. Pokračujte v míchání asi 20 sekund, dokud koření nebude aromatické.

d) Zalijte propasírovanou směsí švestkové šťávy, melasy a javorového sirupu. Několikrát promíchejte, aby se spojily a nechte vařit asi 5 minut do zhoustnutí.

e) Nechte směs vychladnout po dobu 10 minut mimo oheň, poté nalijte do vysokorychlostního mixéru a mixujte na vysoké rychlosti po dobu 1 minuty. Pokud nemáte vysokorychlostní mixér, můžete použít ponorný mixér, ale kečup nebude tak hladký.

f) Upravte koření podle svých představ a poté kečup nalijte do zavařovací sklenice pro uskladnění. Udržujte v chladu.

75.Kaštanová javorová omáčka

SLOŽENÍ:
- 1/2 šálku kaštanů
- 2 PL javorového sirupu
- 1 PL jablečného octa
- ½ šálku červeného vína
- 1,5 hrnku zeleninového vývaru

INSTRUKCE:
a) Nejprve opečte kaštany. Předehřejte troubu na 425°F
b) Ořízněte kaštan tak, že na skořápce vytvoříte tvar x. Ujistěte se, že jste ořech propíchli asi ve třetině.
c) Pečeme v troubě asi 2o minut. Necháme vychladnout, poté sloupneme skořápku.
d) Ve středním hrnci zahřejte červené víno a kaštany. Necháme vařit, dokud se víno nezredukuje na polovinu.
e) Smíchejte zbytek ingrediencí v hrnci. Přiveďte k varu a poté snižte k varu. Každé 2 minuty promíchejte gumovou stěrkou.
f) Jakmile omáčka zhoustne tak, že pokryje zadní část gumové stěrky, sejměte omáčku z ohně a nechte 10 minut vychladnout.
g) Nalijte do zednické nádoby a uschovejte až do použití.

76. Bylinné želé

SLOŽENÍ:
- 1½ šálku bylinkových listů, čerstvých
- 3½ šálku cukru
- 1 kapka Potravinářské barvivo , zelené
- 2¼ šálku; Voda, zima
- 2 lžíce citronové šťávy
- Pektin, tekutý; sáček + 2 t.

INSTRUKCE:
a) Smíchejte bylinky a vodu v hrnci; přiveďte k varu, zakryjte a odstavte z plotny a nechte 15 minut louhovat. Nalijte do želé sáčku a nechte jednu hodinu okapat. Měli byste mít 1-¾ šálku nálevu.
b) Smíchejte nálev, citronovou šťávu, cukr a potravinářské barvivo a vařte na vysoké teplotě, dokud se úplně nerozvaří. Přidejte tekutý pektin a znovu za stálého míchání přiveďte k varu.
c) Sundejte z ohně, napěňte a nalijte do sterilizovaných půllitrových želé sklenic, ponechte ¼" místa nad hlavou . Postup jako u ovocných želé

77. Hucklebobule džem

SLOŽENÍ:
- 2 šálky borůvek
- ½ šálku javorového sirupu nebo medu
- 2 lžíce citronové šťávy

INSTRUKCE:
a) Smíchejte ingredience v malé pánvi a promíchejte.
b) Za častého míchání přivedeme k varu, poté zredukujeme a vaříme do zhoustnutí.
c) Nalijte do zednické nádoby, dokud nebudete připraveni k použití.

78. Míchaný bylinkový ocet

SLOŽENÍ:
- 1-pinta ocet z červeného vína
- 1 kus jablečného octa
- 2 Oloupané, rozpůlené stroužky česneku
- 1 Větev estragonu
- 1 snítka tymiánu
- 2 snítky čerstvého oregana
- 1 malá stonková bazalka
- 6 kuliček černého pepře

INSTRUKCE:
a) Nalijte červené víno a jablečný ocet do litrové nádoby.
b) Přidejte česnek, bylinky, pepř a kryt. Nechte tři týdny stát na chladném místě mimo slunce. Občas protřepejte.
c) Nalijte do lahví a zastavte korkem.

79. Míchané bylinkové pesto

SLOŽENÍ:
- 1 šálek Balená čerstvá plocholistá petržel
- ½ šálku Balené lístky čerstvé bazalky;
- 1 lžíce čerstvých lístků tymiánu
- 1 lžíce čerstvých listů rozmarýnu
- 1 lžíce čerstvých listů estragonu
- ½ šálku čerstvě nastrouhaného parmazánu
- ⅓ šálku olivového oleje
- ¼ šálku vlašských ořechů; opečené dozlatova
- 1 lžíce balzamikového octa

INSTRUKCE:
a) V kuchyňském robotu rozmixujte všechny ingredience se solí a pepřem podle chuti do hladka. (Pesto trvanlivé, povrch pokrytý plastovým obalem, chlazený, 1 týden.)

80. Hořčičně-bylinková marináda

SLOŽENÍ:
- ½ šálku dijonské hořčice
- 2 lžíce suché hořčice
- 2 lžíce rostlinného oleje
- ¼ šálku suchého bílého vína
- 2 lžíce sušeného estragonu
- 2 lžíce sušeného tymiánu
- 2 lžíce Sušená šalvěj, drcená

INSTRUKCE:
a) Smíchejte všechny ingredience v misce. Nechte stát 1 hodinu. Přidejte kuře nebo rybu a dobře obalte. Necháme v marinádě odstát. Osušte papírovými ručníky
b) Zbylou marinádou potřete rybu nebo kuře těsně před vyjmutím z grilu.

81. Šťovíkovo-pažitkové pesto

SLOŽENÍ:
- 1 šálek šťovíku
- 4 polévkové lžíce šalotky; jemně mleté
- 4 lžíce piniových oříšků; přízemní
- 3 lžíce petrželky; sekaný
- 3 lžíce pažitky; sekaný
- Nastrouhaná kůra ze 4 pomerančů
- ¼ cibule, červená; sekaný
- 1 lžíce hořčice, suché
- 1 lžička soli
- 1 lžička pepře, černého
- 1 špetka pepře, cayenne
- ¾ šálku oleje. olivový

INSTRUKCE:
a) Šťovík, šalotku, piniové oříšky, petržel, pažitku, pomerančovou kůru a cibuli rozmixujte v kuchyňském robotu nebo mixéru.

b) Přidejte suchou hořčici, sůl, pepř a kajenský pepř a znovu promíchejte. POMALU přikapávejte olej, zatímco se čepel pohybuje.

c) Přendejte do sklenic z tvrzeného skla .

82. Džem z lesních plodů

SLOŽENÍ:
- 2 šálky rozmixovaného lesního ovoce (ostružiny, maliny, borůvky)
- 1 šálek krystalového cukru
- 1 lžíce citronové šťávy

INSTRUKCE:
a) V hrnci smíchejte jahody, cukr a citronovou šťávu.
b) Vařte na středním plameni za častého míchání, dokud se bobule nerozpadnou a směs nezhoustne (asi 15-20 minut).
c) Jahody rozmačkejte vidličkou na požadovanou konzistenci.
d) Nechte vychladnout a poté přendejte do sklenice. Vychladit a použít jako pomazánku.

83.Ocet s infuzí z krmených bylin

SLOŽENÍ:
- 2 šálky krmených bylinek (rozmarýn, tymián, oregano)
- 2 šálky bílého vinného octa

INSTRUKCE:
a) Bylinky důkladně omyjte a osušte.
b) Umístěte bylinky do čisté, sterilizované skleněné nádoby.
c) Ocet zahřejte, dokud se jen nerozvaří a nalijte na bylinky.
d) Sklenici uzavřete a nechte louhovat alespoň dva týdny.
e) Ocet přeceďte, přelijte do láhve a použijte jako chuťový ocet do dresinků nebo marinád.

84. Divoký česnek Aioli

SLOŽENÍ:
- 1 šálek listů medvědího česneku, jemně nasekaných
- 1 hrnek majonézy
- 1 lžíce citronové šťávy
- Sůl a pepř na dochucení

INSTRUKCE:
a) V misce smíchejte nasekaný medvědí česnek, majonézu a citronovou šťávu.
b) Dochuťte solí a pepřem podle chuti.
c) Před podáváním dejte alespoň na 30 minut do lednice.
d) Používejte jako chutný dip nebo pomazánku.

85. Sirup z jehličí

SLOŽENÍ:
- 2 šálky čerstvých jehličí, umyté
- 2 šálky vody
- 2 hrnky cukru

INSTRUKCE:
a) V hrnci smíchejte jehličí a vodu. Přiveďte k varu a poté vařte 20 minut.
b) Tekutinu přecedíme a vrátíme do hrnce.
c) Přidáme cukr a dusíme, dokud nezhoustne na sirup (asi 15-20 minut).
d) Před přenesením do láhve nechte vychladnout. Použijte jako jedinečný sirup do dezertů nebo nápojů.

NÁPOJE

86. Nealkoholický borůvkový střik

SLOŽENÍ:
- 1 šálek borůvek
- 1 hrnek cukru
- 1 šálek vody
- Šťáva z 1 čerstvě vymačkaného citronu
- 1 láhev perlivé vody

INSTRUKCE:

a) Nejprve si připravte borůvkový jednoduchý sirup. Smíchejte borůvky, cukr a citronovou šťávu v malém hrnci. Promícháme a přivedeme k varu. Snižte teplotu a vařte, dokud nezhoustne na sirup.

b) Nalijte perlivou vodu do džbánu a přidejte ½ šálku jednoduchého borůvkového sirupu. Míchejte, dokud se sirup nerozpustí ve vodě.

c) Chcete-li přidat pěknou pikantnost, vymačkejte trochu více citronové šťávy. Aby byl nápoj sladší, přidejte více borůvkového jednoduchého sirupu nebo cukru.

87. Kořenové pivo Sarsaparilla

SLOŽENÍ:
- ½ šálku kořenů Sarsaparilla (nakrájené na 1 palcové kousky)
- 2 šálky vody
- 1 badyán
- ¼ lžičky muškátového oříšku
- ½ lžičky skořice
- ½ lžičky nového koření
- ½ lžičky vanilky
- 2 lžíce melasy
- ½ šálku cukru
- Perlivá voda

INSTRUKCE:
a) Kořeny, koření (anýz, muškátový oříšek, skořice, nové koření) a 2 šálky vody dejte do středně velké pánve.
b) Přiveďte k varu a poté snižte na mírný plamen na mírném ohni asi půl hodiny.
c) Přidejte vanilku a melasu. Pokračujte ve vaření po dobu 3 minut a poté stáhněte z ohně.
d) Směs přeceďte, abyste oddělili kořeny a koření od tekutiny, a to tak, že směs přelijete přes jemné síto pokryté tenkou tkaninou (pro extra filtraci). To zajistí, že směs bude rafinovaná a nezůstanou v ní žádné nečistoty.
e) Přecezenou tekutinu přidejte zpět do hrnce (před dalším použitím hrnec nezapomeňte vypláchnout) a vmíchejte cukr. Přiveďte k varu 2 minuty a poté stáhněte z ohně.
f) Pro přípravu sklenice kořenového piva smíchejte kořenové pivo a perlivou vodu v poměru 1:2. Na každou ¼ šálku sirupu použijte ½ šálku perlivé vody.
g) Dobře promíchejte a užívejte.

88. Osvěžovač s citronem a malinou s mátou

SLOŽENÍ:
- 1 hrnek malin
- 1 hrnek cukru
- 1 šálek vody
- Šťáva z čerstvě vymačkaného citronu
- Perlivá voda
- Lístky máty na ozdobu
- Plátky citronu na ozdobu

INSTRUKCE:
a) Udělejte malinový jednoduchý sirup smícháním malin, cukru a citronové šťávy v malém hrnci. Promícháme a přivedeme k varu. Snižte teplotu a vařte, dokud nezhoustne na sirup.
b) Nalijte perlivou vodu do džbánu a přidejte 1 šálek malinového jednoduchého sirupu. Míchejte, dokud se sirup nerozpustí ve vodě.
c) Nápoj ozdobte lístky máty, plátky citronu a několika malinami. Míchejte, abyste se spojili a užívejte si!

89. Voda s infuzí krmených bobulí

SLOŽENÍ:
- Hrst smíšených lesních plodů (ostružiny, maliny, borůvky)
- Voda
- Kostky ledu (volitelné)

INSTRUKCE:
a) Jahody důkladně omyjte.
b) Vložte bobule do džbánu a naplňte jej vodou.
c) Dejte na pár hodin do lednice, aby se chutě provařily.
d) Podle potřeby podávejte na ledu. Osvěžující a hydratační!

90. Ledový čaj z divoké máty

SLOŽENÍ:
- Hrst čerstvých lístků divoké máty
- 4 čajové sáčky (černý nebo zelený čaj)
- 4 šálky vody
- Med nebo cukr podle chuti
- Ledové kostky

INSTRUKCE:
a) Vařte 4 šálky vody a čajové sáčky namočte spolu s lístky čerstvé máty.
b) Nechte čaj vychladnout na pokojovou teplotu.
c) Podle chuti oslaďte medem nebo cukrem.
d) Podávejte na ledu. Lahodný, mátový ledový čaj!

91. Pampelišková limonáda

SLOŽENÍ:
- 1 šálek okvětních lístků pampelišky (pouze žluté části)
- 1 šálek čerstvě vymačkané citronové šťávy
- 1/2 šálku medu
- 4 šálky vody
- Ledové kostky

INSTRUKCE:
a) Smíchejte okvětní lístky pampelišky, citronovou šťávu, med a vodu ve džbánu.
b) Míchejte, dokud se med nerozpustí.
c) Dejte na několik hodin do lednice.
d) Podávejte na ledu. Jedinečná a květinová limonáda!

92. Gin a tonikum s infuzí Smrkové špičky

SLOŽENÍ:
- 1 šálek čerstvých smrkových špiček
- Gin
- Tonická voda
- Ledové kostky
- Klínky limetky na ozdobu

INSTRUKCE:
a) Smrkové hroty omyjte a osušte.
b) Ve sklenici spojte smrkové špičky s ginem. Necháme louhovat alespoň 24 hodin.
c) Vylouhovaný gin sceďte do sklenic naplněných ledem.
d) Zalijte tonikovou vodou, promíchejte a ozdobte měsíčky limetky. Lesem inspirovaný twist na klasiku!

93. Pikantní bylinný likér

SLOŽENÍ:
- 6 lusků kardamomu
- 3 lžičky anýzových semínek
- 2¼ lžičky nasekaného kořene anděliky
- 1 tyčinka skořice
- 1 hřebíček
- ¼ lžičky Mace
- 1 pětina vodky
- 1 šálek cukrového sirupu
- Nádoba: 1/2-galonová sklenice

INSTRUKCE:
a) Odstraňte semínka z lusků kardamomu. Přidejte semínka anýzu a zadní částí vidličky rozdrťte všechna jádra.
b) Vložte je do 1-litrové nádoby a přidejte kořen anděliky, tyčinku skořice, hřebíček, muškátový květ a vodku.
c) Směs dobře protřepejte a uložte na 1 týden do skříně. Několikrát přelijte přes sítko vyložené tenkou vrstvou. Smíchejte tekutinu s cukrovým sirupem. Připraven sloužit

94. Ovocný bylinkový ledový čaj

SLOŽENÍ:
- 1 sáček čaje Tazo Passion
- 1 litr vody
- 2 šálky čerstvé pomerančové šťávy
- Oranžové kolo
- Listy máty

INSTRUKCE:
a) Čajový sáček vložte do 1 litru vroucí vody a nechte 5 minut louhovat.
b) Odstraňte čajový sáček. Nalijte čaj do džbánu o objemu 1 galon naplněného ledem. Jakmile led roztaje, naplňte zbývající prostor ve džbánu vodou.
c) Naplňte koktejlový šejkr jednou polovinou uvařeného čaje a jednou polovinou pomerančové šťávy.
d) Dobře protřepejte a sceďte do sklenice naplněné ledem.
e) Ozdobte kolečkem pomeranče a lístky máty.

95. Ledový bylinkový chladič

SLOŽENÍ:
- 4 šálky vařící vody;
- 8 čajových sáčků Red Zinger
- 12 uncí koncentrátu jablečné šťávy
- Šťáva z 1 pomeranče
- 1 citron; nakrájený
- 1 pomeranč; nakrájený

INSTRUKCE:
a) Čajové sáčky zalijte vroucí vodou. Nechte čaj louhovat, dokud nebude voda vlažná, čímž vznikne velmi silný čaj.
b) Ve velkém džbánu smíchejte čaj, jablečný džus a pomerančový džus.
c) Džbán ozdobte plátky citronu a pomeranče.
d) Nalijte do sklenic naplněných ledem a ozdobte mátou.

96. Malinový bylinkový čaj

SLOŽENÍ:
- 2 sáčky malinového čaje rodinné velikosti
- 2 sáčky ostružinového čaje
- 2 čajové sáčky z černého rybízu
- 1 láhev šumivého jablečného moštu
- ½ šálku koncentrátu šťávy
- ½ šálku pomerančové šťávy
- ½ šálku cukru

INSTRUKCE:
a) Všechny ingredience dejte do velkého džbánu. Chlad. Ty naše podáváme s ovocnými kostkami ledu.
b) Nechte si dostatek šťávy na naplnění formičky na led a do každé kostky vložíme plátky jahod a borůvek.

97. Kardamomový čaj

SLOŽENÍ:
- 15 vody ze semínek kardamomu
- ½ šálku mléka
- 2 kapky vanilky (až 3 kapky)
- Miláček

INSTRUKCE:
a) Při poruchách trávení smíchejte 15 rozdrcených semen v ½ šálku horké vody. Přidejte 1 unci čerstvého kořene zázvoru a tyčinku skořice.
b) Vařte 15 minut na mírném ohni. Přidejte ½ šálku mléka a vařte dalších 10 minut.
c) Přidejte 2 až 3 kapky vanilky. Osladíme medem.
d) Pijte 1 až 2 šálky denně.

98.Čaj Sassafras

SLOŽENÍ:
- 4 kořeny sassafras
- 2 litry vody
- cukr nebo med

INSTRUKCE:
a) Omyjte kořeny a odřízněte stromky tam, kde jsou zelené a kde kořen končí.
b) Přiveďte vodu k varu a přidejte kořeny.
c) Vařte, dokud není voda sytě hnědočervená (čím tmavší, tím silnější - já mám rád svou silnou).
d) Přeceďte do džbánu přes drátěný a kávový filtr, pokud nechcete žádné usazeniny.
e) Podle chuti přidejte med nebo cukr.
f) Podávejte teplé nebo studené s citronem a snítkou máty.

99. Moringa čaj

SLOŽENÍ:
- 800 ml vody
- 5-6 lístků máty – natrhané
- 1 lžička semínek kmínu
- 2 lžičky prášku Moringa
- 1 lžíce limetkové/citrónové šťávy
- 1 lžička organického medu jako sladidla

INSTRUKCE:
a) Přiveďte 4 šálky vody k varu.
b) Přidejte 5-6 lístků máty a 1 lžičku semínek kmínu / jeera.
c) Necháme vařit, dokud se množství vody nesníží na polovinu.
d) Když se voda zredukuje na polovinu, přidejte 2 lžičky prášku Moringa.
e) Regulujte teplotu na vysokou, když se pění a stoupá, vypněte teplo.
f) Přikryjeme pokličkou a necháme 4-5 minut odležet.
g) Po 5 minutách čaj sceďte do šálku.
h) Podle chuti přidejte bio med a vymačkejte čerstvou limetkovou šťávu.

100. Šalvějový čaj

SLOŽENÍ:
- Hrst čerstvých divokých listů šalvěje, zodpovědně sbíraných
- Vařící voda
- Med z divokých květů (nebo agávový sirup pro vegany)
- 1 plátek citronu

INSTRUKCE:
a) Začněte tím, že sháníte hrst čerstvých listů divoké šalvěje. Ujistěte se, že vybíráte listy z čistého a neznečištěného prostředí.
b) Jakmile budete mít lístky divoké šalvěje, jemně je opláchněte čistou vodou a dejte pozor, abyste zachovali jejich přirozenou podstatu.
c) Naskládané lístky šalvěje vložte do hrnku a opatrně přelijte vroucí vodou. Divoké bylinky nechte asi 5 minut louhovat. Pokud chcete, můžete lístky šalvěje také nasekat nadrobno a umístit je do sítka na krmný čaj pro koncentrovanější nálev.
d) Po vyluhování vyjměte krmné lístky šalvěje a nechte jejich esenci prolnout do čaje. Vmíchejte kapku medu z divokých květů, který pochází zodpovědně od místních včelařů, nebo použijte agávový sirup jako veganskou variantu.
e) Vylepšete chuť šťávou z nakrájeného plátku citronu. Tento krok je nezbytný pro získání nejlepších chutí nálevu z divoké šalvěje.

ZÁVĚR

Doufáme, že jste zakončili naši chutnou cestu „Kuchařskou knihou moderního sběrače" a zažili jste radost ze sklizně a vychutnávání štědrosti přírody ve vaší moderní kuchyni. Každý recept na těchto stránkách je oslavou jedinečných chutí, textur a nutričního bohatství, které krmené potraviny přinášejí na váš talíř – důkaz bezproblémové integrace divokých surovin do současných chutí.

Ať už jste si pochutnali na zemitých dobrotách lesních hub, přijali svěžest krmné zeleniny nebo jste si pochutnali na neočekávaných chutích lesních plodů, věříme, že tyto recepty podnítily vaše nadšení pro objevování jedlých pokladů, které příroda nabízí. Kéž se koncept hledání potravy kromě přísad a technik stane zdrojem inspirace, spojí vás se zemí, ročními obdobími a nezkrotnou krásou přírody.

Když budete pokračovat ve zkoumání světa krmných potravin, může být „Kuchařskou knihou moderního sběrače" vaším důvěryhodným společníkem, který vás provede řadou lahodných možností, které přinesou divočinu na váš stůl. Zde je osvojit si nadčasové umění shánění potravy a vychutnávat si bohatství přírodní spíže v každém současném soustu – šťastné shánění potravy!

www.ingramcontent.com/pod-product-compliance
Lightning Source LLC
Chambersburg PA
CBHW071903110526
44591CB00011B/1528